中年的意义

David Bainbridge

[英] 大卫·班布里基 著

周沛郁 译

北京联合出版公司
Beijing United Publishing Co.,Ltd.

怀音

图书在版编目（CIP）数据

中年的意义 / (英) 大卫·班布里基著；周沛郁译. -- 北京：北京联合出版公司，2018.5
（2025.10重印）
ISBN 978-7-5596-1318-9

Ⅰ.①中… Ⅱ.①大… ②周… Ⅲ.①中年人—社会生活—研究 Ⅳ.①C913.6

中国版本图书馆CIP数据核字（2017）第301274号

北京市版权局著作权合同登记 图字：01-2017-8328

中年的意义

作　　者：[英]大卫·班布里基（David Bainbridge）
译　　者：周沛郁
出版监制：刘　凯
选题策划：联合低音
责任编辑：马春华
封面设计：奇文云海
内文排版：黄　婷　刘永坤

关注联合低音

北京联合出版公司出版
（北京市西城区德外大街83号楼9层　　100088）
北京联合天畅文化传播公司发行
北京美图印务有限公司印刷　新华书店经销
字数165千字　710毫米×1000毫米　1/16　17印张
2018年5月第1版　2025年10月第9次印刷
ISBN 978-7-5596-1318-9
定价：49.80元

PART Ⅱ   这么多年了，依旧疯狂

PART Ⅲ　　　年龄越大，胆子越大

大部分的凡人……对于可恨的大自然怨声载道，因为我们的生命注定短暂，因为我们仅有的这一小段时间也在迅速飞逝。几乎所有人都一样，才刚准备要活着，就发现人生来到了尽头。

——古罗马哲学家塞内加（Seneca）

《论生命之短暂》（*On the Shortness of Life*），公元 1 世纪

从生育期结束到开始明显衰老之前，大约有 20 年活力旺盛的时间，这段岁月的确需要有个解释。

——布洛顿·琼斯（Blurton Jones）、霍克斯（Hawkes）与奥康奈尔（O'Connell）

《美国人类生物学期刊》（*American Journal of Human Biology*），2002 年

你没看过的中年故事
A New Story of Middle Age

　　不该这样才对。我应该能抵抗这种趋势。38岁时，面对我将成为中年人的接下来的那十年，虽然我极速冲向那个阶段，但我揶揄它，嘲笑它。甚至对于这个人生阶段的名称（中年），我也感觉很陌生，像是骂人的话，而不是我会经历的真实现象。中年，听起来就像只会影响我们的父母，而不会影响我们的东西。没人告诉我中年何时开始、何时结束，或是可能发生什么事，所以我猜这不过是一场骗局，是一个编出来逼人提早变老的故事。我38岁时觉得自己很年轻，到40岁生日时还是自认为年轻——中年这种陈词滥调不会发生在我身上，对吧？但我现在42岁了，时光的确呼啸飞逝，我对最近流行的音乐不屑一顾，我挺个啤酒肚，这里痛那里痛，我还有辆跑车。究竟发生了什么事？

　　我正在经历中年；除了这个丢脸的事实之外，中年最大的问题在于这个名词太难定义。一般来说，没办法确定中年究竟是怎么回事。这一人生时期是暧昧得烦人，还是明确得恼人？是心智的状态，还是生来就预设好的生命阶段？也许中年开始于我们觉得80岁不再远得恐怖，而是近得吓人的时候。或是我们必须在矛盾之中做出选择的时候——要么接受人生将无可避免地越来越糟，要么就准备不断欺骗自己，事情会变得比以前更美好。最重要的是，我不晓得为什么有那么多人都害怕中年。

　　本书中，我想探讨中年是什么，中年有什么意义。在叙述过程中，我们会试着定义"中年"——光是这样就不容易了。如果问医师什么是中年，他们大概会说起更年期。如果问社会学家，他们可能提到空巢期和容忍青少年。如果问经济学家，他会解释生涯高峰、女性二次就业，还有为老年所做的准备。如果问朋友，他可能会告诉你，中年是他看着镜子发现自己变得和父母一模一样的那一刻。可是在这些定义里，哪一种真的能定义中年吗？毕竟，男人没有更年期——至少和女人的更年期不同。而且现在有很多中年人要照顾年幼的子女、成年子女、新伴侣的子女，当然，也可能完全没有子女。此外，许多人的事业巅峰不是发生在中年，而许多母亲早在中年之前就回到职场。简而言之，人们的生活彼此间差异太大，这些常见的定义似乎都无法具体回答我们想解释的现象。

　　那么，我要怎么解决呢？我是生殖生物学家，也是拥有动物学学位的兽医，我认为我理解中年的角度可以厘清上述所有的困惑。

很长一段时间，我着迷于人类这种动物有多么古怪至极。从动物学的角度来看，我们人生中做的很多事情都太过不可思议。我们是地球上最奇怪的生物，怪异之处不一而足。我曾经利用动物学与自然历史的方法，研究人类怀孕的独特行为、人类性别的遗传学、人脑，甚至青少年。用同样的方式来检视"中年"这种最微妙、最复杂的人类创举，也能发人深省。人类的中年是独特的现象——和其他动物一辈子过到一半的阶段很不一样。我将在本书里告诉你，人类的中年之所以独具一格，其实是促使我们演化的种种影响力所造成的。中年和年老无关——中年是截然不同的事。

我希望能说服你放轻松，把中年看成一种独特物种的独有特性，这么一来，你对中年人生的了解将会超乎预期（不论中年对你而言是过去、现在，还是未来）。我在本书一开始，暂且定义中年发生于40—60岁之间，我提到"中年"时，只要没有特别指出，指的就是人生中四五十岁这一年龄段。这个范围当然完全是我主观划定的，我发现我提出的这个范围，年长者会觉得我所设的年龄段低到令人担心，年轻人则觉得我所设的年龄段莫名得高。然而，我所设定的这个上下限，显示了中年在人生中所占的时间，也说明了我可以利用动物学研究法来解释各种各样与人类"中年"相关的事情。

夜深人静时，中年人脑中所浮现的问题，最能显示中年的意义。我的身体是不是越来越没用了？我是不是越来越容易生病了？我变老的速度和其他人一样吗？我的性格到底为什么要变得这么复杂？我的境况比小时候有所改善吗？我该存钱留给孩子，还是存钱养老？我太晚生儿育女了吗？与以前相比我不快乐了吗？为什么社会规范不再适用于我？我该不该买辆摩托车，跟模特私奔？孩子们离开了（或即将离开，或不肯离开），我该怎么办？我身边平静沉睡的这个人是谁，我们俩为什么不像以前那么恩爱了？

一想到要解决这一连串问题，似乎令人却步，但我可以利用动物学和以演化为基础的研究法来回答这些问题。我不相信我们完全只是基因的产物，也不相信社会和环境不会影响我们的本质；我也不觉得我们无法控制自己人生的走向。不过，我的确认为中年是个可以解释的明确现象，它是人类数百万年演化的产物。中年不是20世纪的文化发明，中年首先且最重要的是古老而独立的生物现象，其他的一切都根源于此。

那么，我为什么坚持中年是个独立的现象呢？中年难道不单单是一个开端，让人从此无法控制地逐渐衰落，直到年老、死去吗？本书的目的之一，就是要告诉你，虽然定义中年时可能会遇到种种问题，但中年和人类生命的任何时期都不同，是确切、独立的时期。中年不只关乎变老，其原因正是我所提出的中年的三大特征——"明确、突然、独特"。首先，中年很明确，在本书中，我们会一再探讨那些只发生在中年时期，而不存在于青年或老年的各种层面——中年就是不一样。第二个特征是，中年的改变通常很突然。中年发生的事，其发生的速度通常快得惊人——太快了，显然不属于渐近、累积、老化的退化。中年的第三个特征是，中年是人类独有的现象，总的来说，我们在其他物种身上不会看到类似的现象，因此中年显得更特别了。

我会广泛搜集证据并对之加以分析，这些证据解释了我们为什么演化出"中年"。我们将看到，在人类演化史中，大多时候的人生并不像我们误以为的那么粗鄙、野蛮且短暂。地球上有人类的大部分岁月里，许多人活到40岁以上，而自然选择为何作用在这样高岁数的人类身上，却早已放弃其他动物，是有其特殊原因的。几千年来，自然选择把年过四十的人类塑造成独特的生物。他们并不是逐渐凋零，而是进入一个特别的人生新阶段。在这个阶段里，他们的社会、情绪、生理、性爱和心理世界都会再次发生改变，达到新的状态。我们现在知道这状态是演化传承的产物，而你越早体会，就能越早开始理解你的中年。因此，本书写给所有曾经、正在或将要经历中年的人。

不过，我虽然声称这本书是写给所有人读的，但是目前针对中年的研究似乎常常偏向某一人群。大部分已发表的证据，其所根据的研究，对象都是从前所谓的"正常人"——他们是异性恋，有固定伴侣和子女，恰巧住在发达国家。当然，把我们的结论应用到这个群体之外，应用在许多不符合以上描述的人类族群，是很重要的。但中年的研究变得这么扭曲，其实是有简单而现实的原因的。进行科学研究时，如果能得到一个族群数量庞大且界定明确的样本，会比较成功。打个比方，假如你想研究抚养子女的态度，或是更年期对性生活的影响，那么研究一群同构性高的人当然比较简单；他们很可能都有孩子，或者目前有性伴侣——而长期稳定的异性伴侣正是那样的取样群组，尤其他们往往会用结婚来表明他们的状态。

用这种理由可以使中年研究里固有的偏差合理化，但我们对有后代的异性伴侣格外感兴趣，这有一个演化学上的好理由。我们之后会看到，我们的基因决定了许多中年的状况，而这些基因当然全都代代遗传自有孩子的异性夫妻。这不表示同性恋、选择不生孩子的人，或选择不进入婚姻关系的人不重要——他们很重要，我们在这本书中要时时刻刻记着他们。我们也必须体认到，他们在中年时所经历的改变，同样反映了几千年来有孩子的夫妻的基因传承。

本书分为三个部分。在第一部分中，将探讨中年为什么会发展成目前的模样。我们将探讨创造人类生命蓝图的过程，甚至回顾有关中年的化石证据。这样将有助于解释中年的许多生理变化，以及我们这个独特又幸运的物种是如何缓和、延迟老化的。

第二部分针对中年的心智，因为人和其他动物的差异主要在于大脑的差异。人类花了很多时间纯粹在思考，因此我们应该至少用三分之一的篇幅关注人类的智能、性格、心理和情绪在中年会发生哪些改变。我们甚至将暂停一下，想想为什么我们进入中年以后，会感觉时间流逝得那么快。

第三部分的一开始带我们向前，进入性爱、恋情（或仍在维系，或正在枯萎）、更年期、婴儿、家人和某一次危机。不过很快，很明显是要将我们带回到中年的生物演化大忧思——人类在人生这段时光会刻意重新评估人生的意义，而且还有时间做出改变。本书最后，我们会把所有线索穿缀在一起，试着总结出一个有条理的理论，来解释中年是什么，以及每个人该拿中年怎么办。

本书根据的信息来源广泛，涉及多个学科领域（做到信息的兼容颇费了心力）——主要是科学，有时会涉及艺术和社会科学。我希望读者能明白，科学是其中最理想的来源，因为科学家能诚实面对他们使用的方法有什么缺点和限制。然而，我们也会看到，科学要整合基因、人体、情绪和文化这一系列议题也是很难的。解释中年这件事需要用到很多不同的方法，或许没那么奇怪，毕竟生物学家、哲学家、医师、历史学家、数学家、小说家、社会学家，甚至工程师，都曾经设法解决这个命题。

综上所述，您应该意识到这是一个利好消息。中年很重要，因为中年占了人生的一大部分，而亲爱的读者，你很幸运，你身处的时空是对中年人最理想的时空。这不是指现代发达国家的人都不会英年早逝，而是如果有人在中年结束之前死去，我们会认为他受到了极不公平的对待。你来到中年时，情况绝对在改变，不过你还没有老。至少我一直这样告诉自己。

这一意识贯穿于我对中年的叙述中：人类的中年不是负面的事，而是正向的经验；是变化而不是危机。甚至可以说，中年是解放——是演化、文化与性格的解放。我希望能说服你，远古的人类拥有健康而有生产力的中年，这样的中年是人类与生俱来的，只是后来被单调乏味的工作、外界各种影响所剥夺。

Part I

从热带大草原到郊区

为什么中年的重点完全不是变老

FROM SAVANNA TO SUBURBIA

Why middle age has never been about
growing old

我认为我们的天父创造人类，是因为他对猴子失望了。

——马克·吐温 (Mark Twain)，《马克·吐温自传》，1942 年

什么造就了中年人？

What makes middle-aged people?

想了解中年，我们就必须从一些最基础的问题入手。生命中许许多多的面向汇集成我们称之为中年的现象，乍看之下或许像一个无法解决的庞大课题。四五十岁之间，我们的身体、心智、性、情绪和社交面向都改变了，这些改变既错综复杂又深奥。此外，不同个人、性别、文化的中年，都有极大的差异。我们该如何理解这持续发酵的改变和差异呢？

不过，我们总得有个开始，所以我先从一个看似简单的问题入手：哪些过程造就了中年人？我们将在第一章看到，要回答这个问题，得了解三件事——基因、发育和演化。

* * *

首先是基因。

任何动物的存在都需要三样东西：能量、化学物质（化合物）和信息。其实，要组成像中年人这样神奇的阶段，需要大量的能量、化学物质（化合物）和信息。不过，我们不用担心能量和化学物质（化合物）——我们和其他动物一样，靠着吃和呼吸得到这两种要素，所以让中年人与众不同的，并不是能量和化学物质（化合物）。我们会把重点放在信息上，因为信息才是最令我们感兴趣的一个因素。只有人类拥有造就中年人的必要信息。

在造就中年人所需要的信息中，多得超乎想象的信息都储存在基因里——虽非全部，但已经包含了大部分。你体内几乎所有细胞的细胞核里都有46条染色体，每条染色体都是非常长的链状分子，也就是脱氧核糖核酸，或叫DNA。DNA所拥有的某些特性非常适合储存构成动物的信息。第一，DNA具有很强的稳定性，而且我们的身体拥有修复DNA的机制，使得DNA可以维持得更久。第二，DNA拥有"双螺旋"结构，因此一个DNA分子可以分裂复制，重新形成几乎和原来一模一样的两个DNA分子——细胞分裂的时候，就会发生这样的事。第三，DNA可以任意分解，再重新组合，这发生在两个个体产生卵子和精子，准备要宝宝的时候。这个听起来似乎没什么用处，不过请听我继续说。这个DNA的"基因"序列有用处，是因为每个细胞里都有一套复杂机制，这个序列就是密码。特殊的分子不断解读这个基因密码，以制造分子（通常是蛋白质分子），然后由这些分子完成细胞运作的一切需求。基因可以制造各种蛋白质——切断或结合化合物的蛋白质，让物质进出细胞的蛋白质，或是胶原蛋白这类支撑结构的蛋白质。其实你体内发生的所有事情，几乎全都是这23000个基因制造的分子所进行的各种活动的结果。

所有这些编码和产物听起来或许很神奇，不过这些基因码是大部分动物能获得的所有信息，认识到这一点非常重要。如果你是从一颗蛋里孵化出来的，完全没有双亲照顾，那你一辈子只能依靠遗传自父母基因里的讯息过活。这些基因就是你获得的所有指示，你靠这些指示形塑你自己及你的成长、行为和生育。少了基因，我们什么也不是。

我们很快就会看到，人类除了基因里的密码，还能得到其他信息，不过并不多。区区23000个基因码指示就能满足一个中年人的大部分所需，实在不可思议。事实上，最初统计人类基因的时候，生物学家发现数目这么少，其实很惊讶。许多汽车的零件数目都不止这个数字，而汽车能做的事远比人类少。想一想，这些基因之中，大约有30个是负责制造各种不同的胶原蛋白，超过1000个基因专司侦测气味，所以剩下来可以协调生宝宝这类复杂事情的基因和协调中年危机的基因，其实少得惊人。

＊＊＊

说了这么多基因的事，现在来看看发育。

常常有人邀请我给大学里的工程师和建筑师谈生物学。我举出许多理由向他们证明我的论点：我那些有血有肉的"机器"，远比他们那些铁和玻璃组成的"机器"聪明。不过最让人信服的，往往是我的生物机器需要自主发育、生长，并且在整个过程中像活生生的生物这样运作。举例来说，人类的发育过程中，没有哪个阶段是身体的组成部分零零落落地搁置在工作台上，等着哪个好心的建造者把我们拼起来。人类和动物必须把自己组合起来，而且在组合的过程中需要能持续运作。

我们的23000个基因指示可以安排许多事，不过自我组合是其中最神奇、最迷人的事了。由于难度太高，因此我们怀疑这是23000个基因中许多基因的主要功能。所以，发育生物学在现代生物科学上占了很大的部分，世界各地数以千计的科学家努力想要找出，一个单细胞受精卵自行演变为功能完全、巨大又复杂的成年动物，需要哪些程序。结果他们再度发现，要造出成熟人类的主要讯息（指示）都包含在基因简单的A-C-G-T编码中。发育中的动物经历一连串的基因活动，个别的基因产物会启动其他基因，继而发动更多的基因。然后，这一系列的基因产物会促使细胞以非常复杂的结构进行增殖、迁移、合作、专门化或衰亡，进而产生手、耳朵、肾脏及心脏，等等。

现代的发育生物学向我们展示了一些很神奇的事。例如，有些基因太常用在构成身体上，所以在演化过程中不断出现。也因此，在人类、小老鼠、鱼、苍蝇和虫子身上，许多和发育有关的基因是共通的。我们似乎有一个相同的基因工具箱，里面有分子扳手和蛋白质螺丝起子，几乎可以用来做任何事。其中有许多基因太好用了，因此在创造一个身体的过程中重复使用很多次，例如，一个基因也许能用来制造像大脑、肝、骨头和睾丸等形形色色的东西。同样的基因能够重复使用于不同目的，很可能是我们只用了23000个基因就能了事的原因，不过这也显示，这些多功能的基因必须非常小心地运用。否则，脑袋里可能长出睾丸呢。

这一切与发育相关的发现，改变了我们对自己的认识。不过，关于基因怎么控制人体的建造，我想提出两个重点。这些重点和大多的发育生物学都无关，但对我们很重要，因为我们对中年充满好奇，而且中年很特别。

首先，大部分的发育生物学着重于研究我们出生前发生的事，但是我们千万不可以受到这一点的误导。我们完全能理解为什么会把重点放在那里，因为驱动发育生物学的是一股好奇心，希望知道这么微小的受精卵是怎么被塑造成婴儿这么奇妙的物种的。然而，发育绝对不只关乎胚胎和胎儿——我们出生之后，还有不少需要发育的。这种出生后的发育虽然步调比较缓慢，却和出生前的发育一样关键，也一样受到基因的驱使。比方说，生命中的前两年，头脑不断以和出生之前同样的速度成长。接着在停滞一阵子之后，生殖器突然在青春期早期开始迅速发育。生命的前二十年里，四肢的骨骼持续地一波波生长。然而，即使那时也还不是发育的终点。这本书的中心思想之一是，发育的程序并没有在出生、青春期或骨骼成熟的时候停止。基因的"生命时钟"会不停走下去，人们继续改变，直到成年之后还未停止。我们会看到有一连串明确而活跃的基因变化持续进行，时间很长，甚至会产生像更年期和中年发福这类事。举个惊人的例子，男性的体毛分布在人生的前六十年里不断变化、发育。

像这样具体、独特的变化，绝对找不到其他的解释，也绝对不能视为无法控制的老化现象或衰退的过程。中年人类必须按着和人类胚胎差不多的方式继续发育——否则，中年人看起来会像邋遢的二十岁青年。人到四十岁的时候或许已经长大了，但发育的过程还未结束。

　　对于中年人的发育，我想强调的第二点是，人脑有个不寻常的特性。头脑扮演了重要的角色，因为我们是非常聪明又非常社会化的物种。然而，头脑却有个古怪的特性——头脑对身体其他部分的反应，和其他器官截然不同。就拿中年女性的社交行为与性行为为例吧，中年女性的思想和行为显然不同于相对年轻的女性，而这应该部分起因于头脑的基因和细胞变化。不过，还有另一个因素会影响这些女性的行为，那就是：她们的头脑清楚意识到身体正在经历的改变。头脑和其他器官不同，它会反映对身体的主观感觉——它有自觉。一个人看起来年轻漂亮或是年老憔悴，都会强烈影响自我的形象、态度和思考过程。大家都太清楚自己在人类社会的地位有多重要，因此他们对自己的认知会不断影响他们如何思考。当然，你是不是真的年老憔悴，主要取决于年龄和基因，不过在这种情况下，年龄和基因并不会直接影响你的头脑。相反的，年龄和基因会先改变禁锢头脑的身体，再间接影响头脑。

＊＊＊

　　想了解中年的起因，我们还得考虑到一件事：演化。

　　造就现今中年人类的基因，遗传自我们的祖先——一代又一代的人类、原始人，甚至类人猿，努力在这个世界活下来，有时失败，有时成功。18世纪初，很多动物学家得出了结论：动物的物种会随着时间改变，有时甚至分裂成几个后继的物种。有些物种的外表和其他物种太相似，因此很难想象这些物种分别出自神圣创造的不同作为。也有些动物似乎只是其他动物小小修改之后的版本。这些动物类型随着时间而渐变、繁衍的过程被称为"演化"，这个名字源自18世纪的语言学家，最初是用来解释人类语言是如何随着时间而改变的。

两位英国的博物学家阿尔弗雷德·罗素·华莱士（Alfred Russel Wallace）和查尔斯·达尔文（Charles Darwin）最先提出一个可信的进化机制，我们现在称他们巧妙的理论为"物竞天择"。几个世纪以来，人们注意到动物族群的差异——任何物种的动物都有各种体型大小、生长速度快慢不同的个体。经验丰富的畜牧业者都知道，如果一只动物经过选择性育种，它们的后代就非常可能遗传父母的特征。换言之，动物族群可以被视为一团乱哄哄的变量，可以依靠某种物理特性（而非超自然的）方式代代相传。当时没人完全了解这些物理特性方式是什么，不过我们现在知道了，那就是基因。

华莱士和达尔文明白，动物的物种借着可遗传的性状而逐渐改变；他们收集了大量证据来证明自己的理论。想要了解人类如何演化出中年，物竞天择的确切过程非常重要。按物竞天择来看，如果特定的性状对动物有益、可帮助这类动物成功繁衍许多子代，那么产生这些性状的基因就会存活下来，在未来继续繁衍。世世代代之间，这个过程不断发生，促进成功繁殖的基因会逐渐累积，无助于成功繁殖的基因则永远消失。随着一个物种周遭环境的改变，在该环境下有助于繁殖的性状也会不同，因此产生了神奇的结果——动物在千年之间会缓慢变化。所以动物会适应不断变化的环境，而这非常有助于解释演化如何发生。

本书完全根据一个前提——人类的中年是基因经过数百万年的演化而形成的。因此，我想开门见山地谈一些问题。

首先是证据的问题——我们有多少证据能证明真的存在物竞天择的演化呢？有一类证据其实很丰富，那就是，现存的动物和我们从地下挖出来的动物化石，经过比对，看起来的确很像长期演化的结果。不过，有人会说这种事后的证据还不够充分，因此生物学家已经尝试观察正在发生中的演化。演化发生得非常缓慢，要观察演化并不容易，但还是有可能观察到的。科学家观察了演化迅速的生物（例如微生物）在世代之间的改变，也观察了处在物竞天择强大压力下的较大型动物，例如来自其他岛屿的蜥蜴。他们甚至可能在处于逆境中的人类族群身上观察到演化，像食人的新几内亚部落，整个部落对致命的脑海绵化库鲁症（kuru，"笑着死"之意）迅速发展出了抗病基因。总而言之，物竞天择演化理论的证据是足够充分的，而且人类的演化也不例外。

第二个问题是演化科学中一个引发诸多争议的基本要素——也就是我们的心理和行为的演化。我们的思考方式对我们的人生如此重要，因此有些科学家认为，我们的心理经过和生理特质一样的过程，演进成现在的状态。于是，一个全新的科学领域诞生了——那就是演化心理学。演化心理学虽然受到批评，但我要在此澄清，我并不是批评的一员：我认为演化心理学是个讨论人类行为起源的合理方法——绝对不只是闲聊人类行为为什么最后会变这样的"假设"故事。毕竟，能让我们思考为何取得成功的基因，在物竞天择的作用之下，为何不会一并遗传到我们身上呢？

第三件也是最后一件与中年有关的基因演化的因素，是物竞天择理论中与生育的核心重要性相关的一个矛盾。简单来说，如果物竞天择能延续有助繁衍的基因，那么不再生育的人怎么办呢？例如，达尔文主义认为只有儿童和成年的年轻人才会受到物竞天择的影响。那么，生育期结束后的中年人完全与演化无关吗？我们之后会看到，这是本书里会面临的重大问题。如果40岁以上的人不会受到物竞天择的影响，就表示他们其实完全不会演化。那可就尴尬了，因为这本书要讲的根本就是中年人的演化。

以上简短地介绍了造就中年人类、至今仍产生这种人的基本遗传过程，希望这样的介绍能让你稍微了解中年人类为何那么特别。不过，窥见我们的演化起源之后，现在有更大的问题需要解答。在人类的历史里，中年（以及中年带给我们的一系列反复无常的惊奇）是什么时候出现的？人类的中年如果发生在大多数人的生育期后，中年人为什么还会演化？如果造就中年人的信息除了基因这一主要来源，还有其他的来源，那么其他的信息从哪里来？我们这个探索中年的新故事，现在才刚开始。

Chapter Two

什么打击了中年人？

What breaks middle-aged people?

　　如果把所有人的中年，完全想成经过细心协调的发育程序，那一定令人感到安慰。不过，我们都知道中年不只这样——中年还是比较糟糕一点。即使像我这样一向乐观的人也不得不承认，中年并不全然是正面的经验。中年有些不利的地方，也就是老化。

　　人生不只有成长和变得更好。到了某个阶段，我们开始变老，事情也开始走下坡路，而大部分的人觉得这是从中年开始的。人类的身体从什么时候开始老化，生物学家各持己见（可能的答案包括：中年、青年、青春期、一出生，甚至从受精开始），不过在中年时，这个过程的组成要素，显然以更惊人的面貌清楚地展现出来。我虽然不相信中年是彻底的退化，但显然有些无法忽略的迹象显示我们不像以前那么年轻了——头发变灰，皮肤失去弹性，你不再希望人家把音乐开大声一点，而是希望他们调低音量。其实，中年之所以迷人，一部分就是因为：从出生起就控制我们发育的"生命时钟"，现在和另一个退化与老化的过程重叠，发生冲突。我们该不该把另外这个过程称为"死亡时钟"尚存在争议，不过中年的确是"形成"和"退化"这两个过程同时明显存在又令人不安的时期。

要了解中年，就必须了解老化——为什么我们会老化、如何老化，以及为什么最后会死亡。当然，发达国家中死于中年的人不多（死于40—60岁之间的人，大概只占8%—10%），所以我们在这里感兴趣的并不是死亡，而是老化的过程；在人生的这个阶段，老化变得极度明显。老化在40—60岁真的开始了，中年人会花许多时间谈论身体退化，也恰恰证明了这种情况（之后我们会谈到为什么女人对于这种状况特别担忧）。与年轻人相比，中年人也会更经常地思考死亡，虽然他们在短期内死去的概率并没有高出很多（事实上通常比较低）。但即使这个中年发育程序，让40岁以上的人迎来更宏大更美好的未来，平常也很少听到他们大张旗鼓地谈论中年发育有什么好处。想要体认到这个生命阶段里所经历的改变有什么价值，就得先来看看我们为什么会老化。

所以，我们在40岁之前通常不觉得自己在老化，但40岁之后显然会这么觉得。那么，我们为什么会老化呢？

最早对老化的理解其实非常实际。几个世纪以来，一般认为人和动物跟旧机器一样，就这么"耗竭"了。原本以为老年人除了被生活的压力消磨了生命外，本身没什么"问题"。这个理论听起来很现代，认为动物和人类跟人造的机器很像，自我修复能力有限，而当代的老年学很大程度上就是基于这个假设。比方说，最近有人提出，动物的主要压力之一，就是自身的代谢化学过程，最后毁了我们的，其实是代谢产生的废物和热能。按照这个理论，代谢率高的动物应该寿命比较短——就像60年代流行明星的生物能量学等效性，"活得痛快，死得早"。

不过，人和动物就这么耗尽的简单观点有些问题。举例来说，按照这个理论，如果抓一只野生动物，养在人造的舒适环境里，那么它应该可以几乎永生不死。实际上，这样关养野生动物的确会让它们活得久一些，但不会长到永生不死。例如，被关养起来的黑猩猩，寿命是野外黑猩猩的两倍长，但如果"消耗殆尽"是造成死亡极重要的原因，那么两倍的寿命并不是那么惊人的改变。被舒适关着的动物通常比较长命，其实只是因为它们没遭到掠食者的杀害，而不是因为它们不会老化。

就连这个理论比较现代的版本也经不起检验。例如，虽然有人认为代谢率高可能减少动物的平均余命，不过对许多不同哺乳动物的研究显示，寿命和新陈代谢只有微弱的相关性。同样地，减少摄食量而降低代谢率，虽然有时能增加平均寿命，但这一因素对不同物种所造成的影响并不相同。

科学家开始怀疑老化不只是身体损耗这么简单，也因此开始思索动物界有没有其他动物可以提供老化与死亡的新观点。他们果然找到了——有些动物不老不死。听到居然有这样的生物存在，你也许很意外，不过进行二元分裂（也就是一分为二）的生物体，其实都算不老不死。一只活了很久的阿米巴原虫和年轻的阿米巴原虫，没有什么差异——为了分裂成两个功能完全正常的子代，阿米巴原虫必须让自己的内部构造保持在最佳状态。实际情况虽然比我说的复杂，不过阿米巴原虫基本上并不会衰退。它们不会随着时间而损耗，也不会因岁月而逝。

　　不过，它们的永生不死，似乎有个代价。首先，我们怀疑体内运作要永远维持在完美状态，其实是非常耗能的。如果一只阿米巴原虫的DNA受损，或是制造蛋白质的机制出现瑕疵，就必须在更多损伤出现之前迅速修复。如果你身体的某个细胞发生类似的问题，你的身体可能只会漫不经心地处理。如果人类细胞出了问题，那不会是太大的问题；但如果你是只阿米巴原虫，你就只有一个细胞，因此必须尽力补救。所以说，永生不死是极其消耗资源的，而且不死的动物通常是无性繁殖，而无性繁殖有很大的遗传缺点。所以，性和死亡的关系密不可分——人类可以容许身体衰退，是因为我们可以制造全新的身体，且新身体会长大，在我们死亡时取代我们。只不过在这本正面看待中年的书里，这种事听起来的确不大令人欣慰。

　　自从19世纪有了物竞天择的演化理论之后，科学家发展出有关老化和死亡的新观念，开始用比较正面的观点来看待两者。他们甚至开始思考，动物发展出死亡是不是有道理——也许死亡其实会促进动物的基因传播。有人认为，老化这种事会演化出来，是因为活非常久会浪费资源，而这些资源其实可以让下一代利用。这听起来有道理，不过，把老化视为有益、正向过程的这个概念，却存在些问题。第一，大部分的野生动物不太有机会"寿终正寝"，反而是因为疾病、意外或遭到猎食而死亡，因此，演化出老化这种现象，对物种可能没什么好处。第二，许多演化生物学家担心，物竞天择的机制其实不是这样。一般认为，物竞天择是作用在个体身上（借着生物是否成功繁衍后代而运作），但是这些"利他死亡"的理论却暗示，老化和死亡对下一代的整体有益，这实在说不通（如果个体有办法靠着死亡，让遗传到其基因的子代受益，那么这个理论才比较说得通）。

其实，这些问题显示了演化、老化与死亡的关键矛盾。如果演化只和传播对个体有利的基因有关，而老化和死亡会让个体毁灭，那么老化和死亡这样的事怎么会演化出来呢？说简单点儿，演化通常让动物"变好"，老化却让动物变糟——这样似乎说不通。

所以，研究老化的科学家分成了两派。一派认为，老化是一种主动的演化过程，在动物身上打造出这个特征，让它们衰退、死亡，并借此给它们的后代带来某种好处。另一派则认为，老化本身不是演化的重点，而是被动出现，是其他过程的副作用，举例来说，对动物而言，专注于生殖比保养自己的身体，来得更有道理。依据这个理论，老化并不是设定好的——没有"死亡时钟"这种事——只是有其他事比修复身体更重要，于是身体逐渐衰退。

这种主动与被动的二元观，几乎涵盖了当代对老化的研究，对于面对自身老化过程中的种种迹象的人而言，这很重要（他们真的得面对镜子里自己的皱纹和大肚子）。从自私的观点来看，如果我们想改善中年一些不愉快的面向，就得了解什么是老化。比方说，如果老化是主动、特定、设定好的生物机制，那么我们应当可以针对那个机制来延缓老化。反之，如果老化是全身性衰退的累积过程，那么我们只能在每个小衰退发生时做个别处理。

20世纪中叶，老化的被动理论开始占上风。其最初的态度也是把人体视为机器——这个复杂的机器有许多零件，每个零件都有可能发生故障。随着时间的推移，越来越多的零件停止工作。当我们还年轻时，身体很少发生故障，以至于我们甚至察觉不到，但损害会逐渐变得明显。随着岁月流逝，越来越多身体的零件停止运作，这许许多多的小故障逐渐累积，成为老化的症状，最后无可避免地导致死亡——这就是"多次打击"理论（multi-hit theory）。

除此之外，老化的新理论还解释了为什么动物没有更努力地减缓老化的影响。因为即使是长寿的种族，年轻的成年个体传给下一代的基因，还是多过年老的成年个体。老年人或许老当益壮，但他们具有生育力的剩余岁月仍旧少于年轻人。而生殖对物竞天择极其重要，因此物竞天择主要作用在年轻人身上——年轻人会生更多孩子，所以演化的是年轻人。老人虽然还是物竞天择的对象，但程度比较轻微——所以生命中这个相对后面的阶段仍然会演化，不过演化的压力比较小。这又是中年人有趣的另一个原因——他们不像年轻人一样是演化的关键，却又不像老年人一样和演化毫无关联。他们处在两者之间的一个迷人的灰色地带。

比较年长的成年人在演化上的重要性降低，使得人类更容易累积对老年人不利的基因。这并不是恶意的过程——我们并不是刻意产生某些基因，让年长者的日子不好过。而是某些基因会损坏或改变，在生命后期造成衰退，而这些基因并没有从族群中去除。在人类演化的历程中，个体即使拥有这些基因仍能顺利繁衍，是因为这些基因会等到个体的年纪很大之后，才对这些个体产生明显影响。就这样，人类从来不曾除去那些让人随着岁月而退化的基因——所以我们都得面对几十年的皱纹、疼痛和痛苦。

老化的被动理论还有另一个可能的结果，且听起来的确不怀好意。这种老化的机制有个可怕的名字，叫作"拮抗多效性"（antagonistic pleiotropy），它的确会让年长者落入非常艰难的处境。按这个理论，年轻时促进生育的基因会永远存在，即使这些基因在年老时会造成不良影响。换句话说，生育太重要了，因此它可能在生育力消失后的岁月中，发生难以计数的各种损害。负责生育的主要是年轻个体，而老化其实可以被视为这种不可否认的现实和存活需求之间冲突的结果。比方说，性激素在年轻人身上能促进生殖，在老人身上却会促使肿瘤增生。以狗为例，研究发现结扎能减少肿瘤发生，甚至减少之后脑部 DNA 毁损的量。这种害处在疣鼻天鹅（mute swan）身上也很明显，比较年轻就开始繁殖的疣鼻天鹅，会比较早停止生小天鹅——它们早年的生殖力是用老年的衰退换来的。不过，虽然在动物身上已经找到种种证据，对人类进行的相关研究却得到模棱两可的结果——例如，针对欧洲某些贵族家族的寿命与生育力（因为是贵族，所以留有完整的记录）进行的研究，却无法证实年轻时的生育力和长寿不能并存。

这些老化的被动概念还有个附属的"可抛弃体细胞"理论（disposable soma theory），不幸的是，这个理论似乎让中年的人生更

悲惨了。按照这个理论，物竞天择不但因为年轻个体太重要而无法
保全较老的个体，还刻意忽视中年身体的维护工作。大家都知道，
我们对下一代的贡献只有精子和卵子，不过很少有人愿意承认这件
事的演化学意义——我们身体其他部分的功能，就是为了让那些精
子和卵子相遇、产生婴儿，因此我们的身体（体细胞）其实是可以
抛弃的。物竞天择能促使身体自我维护、修复，但只到可以促进生
育的地步，而且在人的生命中，维护身体健康这件事的优先级，往
后退的时间早得惊人（大约20岁）。更糟糕的是，早在你真正变得
可有可无之前，物竞天择就已经容许你的身体退化了——毕竟车子
不保养也可以开上几年才会出故障。所以中年的时候，你问题不断
的身体已经预料到，你年老时只能对下一代做出可有可无的贡献了。

　　虽然这些老化的被动理论十分盛行，主动理论在最近却开始卷
土重来。这些理论认为，我们演化出独特的老化计划——也就是"死
亡时钟"——是个有利的过程。简而言之，其支持者主张，这些理
论或许不符合目前的演化理论，但比起老化的被动理论，主动理论
更符合我们在大自然中观察到的现象。举例来说，如果动物没有内
建的主动老化机制，那么为什么大部分的动物物种都有各自的寿命？
仓鼠通常在24个月大时开始显得衰老，具有良好交通意识的家猫通
常能活到18岁，健康的大象常常在60—70岁之间倒下。在有利的环
境中，多数人可以活到60—90岁，这个范围似乎窄得可疑——相较
之下，人造机器的使用年限长短差异则要大得多了。想来惊人，现
在数以千计的人类可以活到100岁，但能活到125岁以上的人却少得

可怜。我们的近亲黑猩猩几乎活不到60—90岁这个年龄层，表示它们的"死亡时钟"设在不同的时间。其实，其他分类相近的动物物种之间，这种现象甚至更加惊人。一定有某种主动的机制能说明，为什么蝙蝠的寿命通常可以比类似体型的啮齿类动物多出5倍；或是，为什么一种软体动物的寿命会比另一种软体动物多出400倍吧？更何况这两种软体动物是近亲，体型也相近。

"死亡时钟"在一些动物身上的表现尤其显著，这也提供了死亡时钟存在的进一步证据。有些例子几乎显得残酷，例如鲑鱼和章鱼，它们一生只繁殖一次，之后就迅速老化死去，就像有个"死亡开关"打开了似的。相反地，少数动物的"死亡时钟"差异很大，因此那些物种中个体的寿命可能有20倍之差——这些例外或许又恰恰证明了规则的存在。有些动物则完全没有死亡时钟，例如，有证据证明母锦龟根本不会老化，它们的生育力和存活的概率，似乎随着年龄而增加。

这些动物的死亡时钟那么与众不同，甚至不存在，显示了老化不只是被动、无法控制的退化过程。我不确定以中年人类的角度看，这种说法能不能让人心安，不过这样的确有助于讨论老化的过程。首先，这一事实告诉我们，人类预先设定至少可以活到60岁，下一章我们会思考，这一情况在人类历史上是不是真的经常发生。其次，这让我们思考为什么在"死亡时钟"的限制下，中年对不同人而言是那么不同的经验。还有，我们有没有办法确保，自己是外表老化得慢一点的幸运儿。

为了探索人体老化时真正发生了什么事，人们近来发展出一个与老化相关的研究领域。这一领域主要着眼于老年人与延长寿命，不过老化的迹象开始变得明显的时间点，其实是中年。

DNA 基因对于协调我们的身体功能非常重要，因此许多科学家着眼于 DNA 受损在老化过程中扮演的角色。毕竟，如果化学物质、辐射或宇宙射线损害了一个细胞里足够多的 DNA，那个细胞就会无法运作。不论是人还是其他动物，DNA 受损的程度似乎都会随着年龄的增加而增加，而 DNA 修复机制比较有效的物种，才能活得愈久。人类的寿命现在比绝大部分的哺乳类动物都要长（某些鲸鱼除外），或许是因为我们变得特别擅长此道了。

也有证据显示，我们的 DNA 染色体的结构本身，对于决定寿命长短很重要。每个染色体的尾端接着一段重复的 A、T、C、G 序列，称为"端粒"（telomere）。婴儿的端粒很长，但随着我们不断长大，细胞分裂，端粒会一截截脱落，变得越来越短。一旦细胞的端粒缩短到一定长度以下，那个细胞就无法再分裂了。就这样，端粒缩短的现象限制了细胞能分裂的次数。实验显示，在人工环境里生长的人类细胞，细胞内的端粒会逐渐缩短，直到最后再也无法分裂为止，但如果用人工方式防止端粒缩短，就能大幅延长细胞继续分裂的时间。如果所有染色体都有其端粒的"死亡时钟"，这或许是人类预定会老化的一个原因。不过，端粒缩短的理论有些问题——在成人身上，并不是所有的细胞都会分裂。所以，端粒缩短虽然可以解释骨髓、肠子和睾丸的衰退（这些器官在成年后仍会持续进行细胞分裂），但脑部、肌肉和骨头的细胞分裂，在成年后就几乎停止，所以对于这些器官组织的退化就无法解释了。

其实，端粒缩短的目的，或许不是提供难以捉摸的"死亡时钟"，有些证据显示，演化出端粒缩短，或许是为了防止我们患癌症，借以延长生命。端粒缩短可以抑制癌细胞失控增殖——肿瘤一旦长到某个大小，短小的端粒就能遏制肿瘤继续长大。现代的造影技术显示，许多人常常长了肿瘤，但肿瘤大到可见的大小之后，又"神秘"地缩小。如果人类真的是为了这种限制肿瘤的机制，才演化出端粒缩小，那么我们就可以说，老化是人们防癌系统所产生的矛盾副作用了。

另一个解释老化成因的理论和"活性氧化物"（reactive oxygen species）有关。细胞里的许多代谢过程会产生氧化物，这些氧化物的化学键结不完全，会对细胞里的其他分子产生极大的破坏，并损害蛋白质、细胞膜，甚至破坏DNA。我们的细胞虽然有抗氧化物，可以缓和活性氧化物的危害（所以才需要补充维生素E），但有些活性氧化物仍然会逃过我们的防御，损害细胞内的机制。这种持续的化学损害会对无法分裂及自我修复的细胞（脑细胞、骨细胞和肌肉细胞）造成很大的问题，因此有人认为，这就是老化过程中人类组织逐渐衰退的真相。有证据可以支持这个理论——科学家已经知道，我们身上某些分子受到的损害，会随着老化而增加。不过，这个理论不大可能彻底解释老化，比方说，没有人能解释为什么多吃抗氧化物，似乎不会让我们的寿命大幅增加。

近年来，科学家越来越热衷于寻找老化的遗传证据，急于分辨出可以加速或减缓老化的个别基因。寿命会遗传，这是很常见的现象。

长寿的人通常其父母也很长寿，有些物种也可能因为人工饲养而活得更长。创造长寿苍蝇和小老鼠品种的实验很有趣，实验发现这些品种繁殖的速度比较慢（听起来跟拮抗多效性的概念相同），而且会产生比较多的抗氧化物质（这表示活性氧化物终究对老化有影响）。

　　有一类的疾病会造成早老，我们对这类疾病的了解，也有助于寻找与老化有关的个别基因。在这些"早衰症"（progeria）的状况中，老化衰退的过程加速了，而且常常从幼年就开始，许多患者十几岁就"年老"过世。研究显示，许多这类疾病的原因是，与DNA修复有关的个别基因受损。科学家深入研究老化细胞的运作情况后，发现涉及老化的基因通常只分成几类，它们与细胞的一般维护和运作有关——包括胰岛素和相关分子、去乙酰酶（deacetylases）、细胞核转录因子"NF-kB"、线粒体电子传递链（mitochondrial electron transport chain）和热休克蛋白（heat shock proteins）等五花八门。特别的是，现在已有明确的证据显示，同样那几类基因，在人类、小老鼠、苍蝇、蛔虫和酵母等各式各样的生物身上，可能都与老化有关。

　　如你所见，我们还无法完全了解老化的遗传学，至少我们所知的一切尚不足以延迟老化。我们还没有可以延长寿命的疗法，主要是因为控制平均寿命长短的，似乎不是出于单一主要的基因；你的寿命或许是由多个基因累加的效应决定的。哺乳动物是非常复杂的生物，即使只更动哺乳动物身上次要的一个基因，就可能造成许多意料之外的负面影响，所以对于操作人类老化的关键基因，必须极为小心。

　　所以说，中年是个冲突的时期，你发育的"生命时钟"开始敌不过岁月带来的衰退。然而，前面说过，是否该把这个过程称为预先设定的"死亡时钟"，或只是被动地陷入衰老，还有待讨论。我们目前还不确定演化为什么会让我们死亡、老化，也不知道演化是怎么办到的，不过更深入探索我们的基因，很可能就能得到一些解答。

　　至少我们能确定，生命始于发育，终于老化，而这两个过程的冲突在中年时期最为显著。我们或许会想暂时把中年定义为"创造与破坏的力量势均力敌的时候"。我们正在逐渐接近"中年是什么"的理论，但首先，我们必须瞥一眼人类久远的过去。如果想了解泛灰的头发和鱼尾纹，就需要知道在人类还处于野蛮时期的时候，中年人是什么样子。

人类本来只能活到四十岁吗?

Are people really meant to die at forty?

> 战乱的时代,人人都是敌人;如果人完全只能凭借自己的力
> 量和创造力,没有其他的保障,那么造成的结果和战乱时一样……
> 人类的生命将变得孤独、贫乏、粗鄙、野蛮而短暂。
>
> ——英国政治哲学家托马斯·霍布斯(Thomas Hobbes),
> 《利维坦,或教会国家和市民国家的实质、形式和权力》(*Leviathan or The Matter,*
> *Forme and Power of a Common Wealth Ecclesiasticall and Civil*),1651 年

有关中年的人类学历史研究非常迷人,能让我们知道中年人住
在哪里、跟谁住在一起、吃什么、生什么病、是怎么死的。如果想
要了解现代的中年,那么演化过程中的中年是什么样子、活到中年
的古代人到底有多少,就非常有趣了。不过,我们要考虑中年的远

古历史，还有另一个重要的原因；这原因正是本书的核心。

我将一再证明，中年是人类生命中崭新而特别的一个过程，演化出中年是因为中年对个人有益。不过，中年要演化得"有理"，先决条件是演化历史上有许多人类存活到中年。说白一点，如果史前人类都在35岁就死了，那么中年形成的过程就不会受到物竞天择的影响，也不会演化出任何有益的特性。这么一来，我们在现代人身上看到的中年过程，就只是寿命突然前所未有地增加，人类活得比"原先注定"的长，因而产生的古怪、反常现象。

那么以前的人可以活多久?

有关20世纪的人类寿命，已经有完整的记载。在短短的一个世纪里，发达国家人民出生时的预期寿命大幅延长，如今至少80%的婴儿将会活到60岁。从前大部分的死因（痢疾、肺炎、败血症、伤口感染、难产）多半不再发生，现在我们会在更老的时候死于不同的疾病。营养、生活环境和医疗保健的改善，带来了迅速而剧烈的改变，在人类历史上显然不大可能发生过类似的事。

回溯过去几个世纪，会发现人类平均寿命逐渐缩短，中世纪时期甚至降到30岁以下。在那之前的几千年里，大概和这个数字差不多。然而，我们要知道，即使在人类较短寿命的黑暗时代里，对成年人而言，事情或许也没有表面上看起来的那么糟。预期寿命是个问题重重的寿命计算方式，因为婴儿死亡率会使平均寿命严重地出现偏差；直到大约一百年前，婴儿死亡率才降低。如果有大量的儿童在5岁前就死亡，那么依据所有平安出生者的平均寿命来计算人能活多久，就会造成严重的偏差。如果许多儿童在成年之前就死亡，那么活下来的成年人即使只想把平均寿命提高到屈屈30岁，也必须多活几十年。"预期寿命"低落的扭曲状况，或许能解释为什么历史记载许多人能轻易活到中年，之后还能活很久——而且不只是有钱有势的人如此。因此，我们要看的不是族群的平均，而是着眼于有多少人活到成年之后，活到超过40岁，进入中年。

　　然而，回顾过去一万年，事情其实没有改变多少。当时世界上的人有些住在乡间，种植种类有限的农作物，勉强糊口；住在城市里的人在未经规划、污水随意排放的污秽聚落里生活。因此，公元前8000年到公元500年之间，大部分人类族群的寿命不大可能比中世纪时期长太多。我的理论是，中年会演化，是因为自然选择作用在大多数古代中年人类身上；但是说实话，这些数据开始对我的理论不利了。我们已经回顾了一万年，但是能证实有大量中年人的证据仍然少得可怜。

　　不过，如果我们回溯到超过一万年，情况或许就不同了。大约在那个时候，人类的生活方式经历了前所未有的巨大转变。农业的形成是个了不起的现象，不仅永远改变了我们吃的食物，也迫使人类在一个地方落脚，待在靠近田地和牲畜，以及可以储存食物的地方。农业的生活方式更加重视财产（拥有的土地、耕作器具和农产品），随之而来的是保护财产并将之留给后代，不让别人取得。农业对人类的存在可谓极为重要。有些人类学者认为，所有的人类族群在短短一千年之间，从狩猎采集的生活方式转变成耕作和聚落，城市、书写和政府也随之出现。更神奇的是，已有人类学的证据证明，生活方式转换为农耕和聚落的这一事实，差不多同时发生于世界上7—10个不同的地点，这或许是气候变迁的结果。

所以，农业突然出现，改变了一切。因此，智人（Homo）在过去一万年的演化，和过去两百万年的演化截然不同。换句话说，99.5%的人类历史（从祖先的体型大约和我们一样大、一样聪明时开始）发生在农业出现之前。如果我们想了解中年的演化，当然需要回顾这个有农业之前的史前时代——也就是大部分这种演化发生的时候。

我们常觉得史前人类的人生艰苦不堪——"粗鄙、野蛮，而且短暂"。我们也许会想象大部分以狩猎采集为生的史前人类，辛苦、挨饿、疾病缠身，咬着一口磨损的断牙勉强存活。如果真是这样，而且没什么人活到中年，那我主张中年有利且是主动演化的论点也就不成立了。那么以狩猎采集为生的史前人类究竟寿命有多长呢？

"史前"这个词，是这个故事里我们遇到的最棘手的阻碍。作为一个生物学家，我为了研究中年的故事，稍稍涉猎了历史和考古学，终于大致了解了"史前"这个词的完整意义。历史是人类写下的经验，我们拥有书写的记录之后，就能看到古人想要告诉我们的，他们如何生活、能够活多久。在农业发展出来之前，并没有历史或书写的记录，因此很难研究人类如何生活及存活了多久。

缺少了这些有记录的历史，科学家只好尝试着间接测量史前祖先的年龄。举例来说，他们研究现代的人猿，试图确认有没有什么数值和物种的寿命有相关性。换言之，他们要判断脑部、体型或牙齿较大的人猿物种，是不是活得比其他人猿物种长。结果发现，人猿的体型和寿命有很大的正相关性，因此他们就依靠这样的推测编撰出过去五百万年来，我们短命的南猿（Australopithecus）祖先如何渐渐演化成体型较大、寿命较长的智人。当然，这方式是否可行，取决于你相不相信现代灵长类的体重和寿命的显著相关性，意味着体型大的早期人种比体型较小的必定活得比较久。这是间接判断我们祖先寿命的方法，不过这个方法存在另一个问题：越靠近现代，这方法就越无效。从宏观的角度来看，人类演化的最后25万年，和黑猩猩、大猩猩的差距太大了，他们恐怕不是理想的对照基准。

　　另一种方法是研究现存的少数几个狩猎采集社会。然而，假定可以借着现代的狩猎采集者，得知一万年前所有人类的生活方式，是个很大的假设（人类学家有时会做这样的假设）。毕竟，如果他们足以代表人类，为什么他们没有像其他人一样开始农耕？不过，有个论点反驳了这种批评，认为农业是在比较近期才传到现代的狩猎采集者居住的地区的，比如大约两千年前的南非、亚马孙河流域、北极和几内亚人甚至完全不曾接触过。所以，他们或许的确有代表性，只是碰巧住在一个非典型的地点而已。

　　即使不考虑这些问题，现代的狩猎采集社会人类是否活到中年，情况也不一致。简单来说，有些部落的成年人通常会活到超过40岁，甚至更久，而其他部落的人则不是这样。全世界狩猎采集者的寿命和死因差异非常大。此外，许多人似乎不是死于疾病、饥饿或掠食者（这些是最多人研究的动物死因），而是死于暴力冲突。对应现代狩猎采集者身上这样的变异性，许多人类学家早已不再认为，所有农业社会前的人类都曾经处于一个均质的"自然状态"。恰恰相反——许多学者指出，人类成功的原因之一，是人类拥有非凡的韧性，能调整生理和生活方式，利用各式各样的新环境。以这种观点来看，如果所有人类社群活到中年的情况都一样，那才奇怪。

至于生于农业社会前的人类能活多久，最可靠的线索来自那时期遗留的人类化石。不过，要用我们在尘土里捡到的一点化石碎片来估计远古死者的年龄，实在困难极了。其实，就算是要估计死去不久的成年人的年龄，也没那么简单。骨骼的改变可以提供一些线索，例如骨盆左右两块接缝的结构变化，或是骨骼显微构造的变化。以骨盆来判断的方式，误差小于4年，但不能用在40岁以上的人身上，这对研究中年的人而言实在是一个打击。骨骼构造法可以用在更年长一些的人身上，但误差可能多达12年。

值得注意的是，法医学发现，要判断死去儿童的年龄相对简单，可以把掉牙、长新牙的固定模式，作为儿童发育的精确时间基准。令人沮丧的是，成人不能准确判断掉牙或长新牙。不过，人类学家设法利用牙齿在一生中不断磨损的程度，来推测古代人的寿命。首先，他们研究史前族群中还在长牙的年轻成员的牙齿。由这些数据，就能估算在前后两颗牙冒出来的时间间隔中，牙齿磨损的速度（这个时间间隔的变动性不大）。若假设成人的牙齿也按照这个速度磨损，那么就能用成人牙齿化石的磨损程度，推估从那颗牙长出来到那人死亡之间有多少年，接着就不难算出大概的死亡年龄了。

这些估算人类年龄的直接方式，显示许多古代狩猎采集者的人生，和粗鄙、野蛮及短暂相去甚远。老年人的数量在"旧石器时代晚期"（5万年前开始）其实多得惊人。我们也可以比较世界各地不同的人类寿命模式，依照居住地点的不同，智人和尼安德特人

（Homo neanderthalensis）活到中年的概率不尽相同，有些还很高。

　　然而，根据化石，直接估算人类的死亡时间，最惊人的结果是发现了老年人的数量，居然在实行农业之后逐渐减少。这似乎不符合我们的初步推测，尤其是我们通常认为农业在人类发展的过程中是一大跃进。所以这是怎么回事呢？

　　我们现有的证据似乎显示，问题出在饮食的改变上。农业无可避免地使人类的食物种类不再那么丰富。他们通常只吃自己种得出来的那一两种作物，因此限制了所摄取的维生素、矿物质和不同种类的蛋白质。当然，这也表示少数几种主要作物一旦种不好，就会造成惨剧。现代社会的证据显示，农业会减少付出同样努力所得到的食物量，这一结果更支持了以上这个论点。据报道，南非孔族（!Kung）的狩猎采集者，不像附近几个农业社群那么辛苦，而食物又比较充裕；据估计，从事狩猎采集的哈扎族人（Hadza）每天只需要花5个小时张罗食物，附近的农人则需要辛勤工作一整天，才能满足一天所需。附近的农业社群为了撑过南非经常遭遇的饥荒，常常搬来和这些部落住在一起，原因不言自明。

　　后农业时代食物减少的化石证据也愈来愈多。农耕出现之后，儿童的四肢变得比较柔软，没有那么强健，成人不再长那么高，牙齿也变得比较小。这些改变发生得太快，只能用"营养不良"来解释。其他和饮食有关、较明确的改变也很明显。牙齿外的覆盖层异常增生（珐琅质形成不全）的情况增加，同时也更常出现缺铁性贫血（骨质疏松）造成的多孔颅骨。骨质量也因受到饮食的影响而降低了。

　　农业社会平均寿命减短的另一个因素是传染病。当人类生活于分散、流动的狩猎采集部落里时，历史中可能侵扰人类的某些古代疾病当然也会侵袭他们，例如肺结核和肠道寄生虫。但是，农业和聚落则给人类带来了五花八门的新疾病。首先，大部分早期的人类永久聚落恐怕肮脏又拥挤，缺乏污水处理系统，加上为了灌溉而减缓水道流速，只会让疾病的蔓延情况加剧。现代世界最重大的疾病，起因都是人口密度过高与卫生问题，而这些状况不大可能影响从前在开阔草原上游牧的狩猎采集部落；他们只要离开自己的排泄物就好了。

疾病更常发生的另一个因素是人类和动物间的距离拉近了。在人类开始饲养牲畜之前，大概只有在短暂的狩猎过程中才会接触到动物，而最大的风险是被践踏或吃掉。相反地，畜牧让人类与动物及其身上的各种赘生物持续近距离接触。有了农耕，人和动物也与细菌、病毒和寄生虫（例如禽流感和猪流感）等接触更多。除此之外，五花八门的病原菌先前埋在土里，因为翻土而暴露在空气中，之后飘进人类的肺部或被人类的伤口吸收，所以说，农业恐怕和我们一般所认为的不一样，并不是那么美好的创新。

已有明确证据显示，即使是今日，当人类的生活方式从狩猎采集转向农业时，疾病的形式也会发生改变。比方说，现代的图尔卡纳族（Turkana）在这几十年里一度从狩猎采集变成农耕，他们所感染的细菌种类也有着剧烈的变化。我们由人类化石也得到疾病改变的类似证据。有些感染性疾病会在骨头化石上留下痕迹［例如葡萄球菌骨炎（Staphylococcal osteitis）］，而化石证据显示，随着农业的出现，这些痕迹变得更普遍了。

如果农业会对人类健康造成那么可怕的影响，那么农业为什么会在那么短的时间里成为人类主要的生活方式？有了农业之后，人们更辛勤地工作，收获却更少，食物种类变得单一，活在污秽之中，年纪轻轻就死去，这一切的苦难到底是为了什么呢？事实上，虽然农业让我们进入了人类的新时代，物竞天择无情的力量却仍作用在我们身上。农业有种种缺点，却仍然有它的优点。首先，农业需要的土地比狩猎采集少，所以人类可以在小面积的土地上定居，人口密度远比以前高。若没有农业，世界上的人类可能还只有100万人。另外，农业社群的状况良好时，稳定的热量来源能使人类更多产，繁衍更多后代。简而言之，农耕让人类繁衍得更多，这在演化上的确有意义。至于人类因而受苦或是英年早逝，相对而言，却没那么重要了。

所以从很多方面来看，人类演化的最后一万年或许可以被视为偏离正轨。这段时间里，我们偏离了之前已经实行几百万年的生活方式。如果想了解中年如何演化、为什么会演化，过去一万年的定居农耕生活，显然只会分散我们的注意力——这不过是一眨眼的演化，对早已存在的史前人类寿命所造成的改变有限。在智人存在于这个星球的岁月中，有99.5%的时间不是过着定居农耕的生活。证据显示，那99.5%的时间里，中年人是人类社会组成的一大部分。这很重要，表示物竞天择有无数个千年的时间，把中年人类塑造成我们今天看到的这个产物。

中年为什么那么重要？（首次尝试回答）

Why is middle age so important? (A first attempt at an answer.)

现在，让我们尝试着解释中年是什么、为什么我们会有中年。

目前为止，我们已经探讨了中年的成因和来由。我们发现中年是人类一生发育过程的一部分，是"生命时钟"中数以千计的基因的交互作用，把我们的身体和头脑在不同年龄时塑造成不同的模样。我们也思考了几百万年的自然选择是怎么形成了这个计划，让我们拥有现代人类的寿命。我们发现，在中年时，发育的过程和老化、衰老的过程产生了冲突，而这样的冲突让中年变得别有意趣。我们还发现，人类在演化过程中（至少直到农业发展出来为止），大多时候都有许多成年人活到中年，甚至更长命的原因。因此，中年不只是现代的我们"活太久"所遇到的看似不自然的衰退；现代中年可以视为自然选择的产物——帮助我们在久远年代里活下来。

　　然而，想要体会这些发现有什么意义，还得让这些发现符合我们今天所看到的状况——人类对中年的日常经验和认知。这么说不大科学，不过我们需要找出中年的"目的"（或者说，中年对我们有什么好处）。中年人类演化成什么角色？这些角色是否能解释，为什么人类的中年看起来那么像有规律的过程？换句话说，我们能不能开始解释我在前言中提过的中年的三个特征——为什么中年的改变那么明确、突然又独特？

　　人类很奇怪。我因为自己的动物学和兽医的背景，所以一向觉得人类只是一种动物——或许聪明，除此之外没什么特别。但我越是拿人类和其他动物比较，人类就越显得古怪突兀。人类用两脚站立，人类的生活史既独特又扭曲，脑容量大得异常，社会结构难以理解，生殖行为怪得不可思议。不论以什么标准来看，人类都很特别，而中年现象则是这个物种的一个关键部分。

　　灵长类已经很特别了，但人类即使在灵长类之间也与众不同。从某些方面而言，我们让灵长类发展到了极致。例如，灵长类通常存活率高，活得长，而人类的存活率更高，活得更长。人类进入青春期的时间比其他灵长类晚，生出极度不成熟的婴儿，长大成人的速度慢得不得了，因此灵长类不寻常的特征也在人类身上放大了。

　　不过，在另一些方面，我们完全打破了灵长类的特性。人类女性生产的频率高过其他大型人猿的雌性，哺乳时间也更长。因此，虽然分给每个孩子的资源都很多，但人类女性通常一次照顾好几个后代。人类和其灵长类近亲不同，女人不会等到一个孩子长大、独立之后，才再次怀孕。还有一个明显的例子可以证明人类很独特：人类的女性在生育年龄过了之后，通常还能活很久。男人也会活到那个年纪之后，虽然严格说来还有生育能力，却常常和不再有生育能力的伴侣在一起，实际上是"自主绝育"的状态。接下来，男人让事情更复杂了——他们虽然在年老之后还长期保有生育能力的潜力，却比女人早死。当然，人类的男女两性往往决定不生育后代，这是演化学无法解释的决定。黑猩猩完全不会这样。

令人受挫的是，如果想研究人类寿命不寻常的原因，可以依据的直接证据非常稀少。现存与人类关系最近的近亲是黑猩猩和大猩猩，但它们的生殖生物学和社会组织，与我们差异太大。如果和后农业时期的人类（现代狩猎采集者）比较，又与我们太相似。世界各地人类生活史的状况都相当一致，甚至包括人类学家爱研究的那些方面，例如两性的劳力分配、避免乱伦的系统、社会对婚姻的认知，以及征服女人的机制。

其实，我们如果往其他方面思考，就能找到人类寿命的演化线索。演化生物学现在开始专注于与人类关系较远的灵长类亲戚，试图做出人类族群的数学模拟。突然之间，人类开始显得比较有道理了。原来，人类的生命蓝图有两个惊人的创新：青春期和中年。可惜我们常从消极的角度，来看待青少年和中年这两个最惊人的人类创新，最多将它们视为其他"比较重要"的生命阶段的过渡期。然而，这两个典型的人类生命阶段，涵盖了人生大约一半的时间。我们的生命真的该有一半要花在问题重重又负面的过渡期吗？

当然，青春期和中年是依靠简单的年龄算法联系在一起的。大部分的青少年都有中年父母；这两个生命阶段的人通常在生活中直接接触，原来并非偶然。只有人类在青春期会有十多年的发育过程，我在其他地方说过，人类演化出青春期是为了把无敌的发达头脑发育得更完美，而头脑正是我们这个物种得以成功进化的关键。通过化石、精神科医师的心理分析和脑部扫描等，获得了不少支持这一观点的证据。但与这个故事互补的那一面正是中年。

人类发育延续进入十几岁的这个阶段，可以视为人类儿童已有特性的强化版。人类幼儿的头脑以惊人的速度在消耗能量、吸收新知识，所以需要的能源要大于其他人猿婴儿。头脑的需求使得人类的生命步调和其他动物不同。我们的物种是需要高投资、密集信息的，一切都是为了驱使那颗发达而高需求的头脑的生长、成熟和创造。因此，人类的一生都是在投资——成人把大量资源投入发育中的儿童的头脑，因为头脑在后续的生命中实在太重要了。

生物学家称这种现象为"亲本投资"（parental investment），而人类是豪华版的亲本投资者。不论怎么看，人类父母投资的时间、复杂程度和严苛程度都超过其他动物，当然，这也解释了精疲力竭的中年人的深切呐喊，他们感觉自己为人父母的责任好像没完没了。但我们也该认识到，缺少了这些需求的儿童和青少年，大概很难成长到40岁。现在一般认为，人类的后代生长得太缓慢，因此自然选择使我们在某个时刻停止生育，专注在我们已经有的后代身上。这种停止生育、专于照顾的时限，通常发生在中年。

许多研究显示，亲本投资是一个人生育成功的唯一关键因素——等于是他们繁衍成熟、成功养育后代的能力。现在，我们其实已经演化到了某种地步；对人类而言，亲本投资已经比生育力重要了（这或许能解释为什么尝试怀孕对人类而言会那么难以预测）。在中年的某个时候，我们对已有孩子的投资会变得更为重要，以至于我们不再生更多孩子。说来矛盾，生育这件事本身会变得负面，让人无法专注于为人父母的重要工作。

如果亲本投资驱动了人类中年的演化，我们就得知道亲本投资的真正需求是什么——成年人类究竟为下一代及其迅速成长的头脑提供了什么。

我们主要给了孩子两种东西，其中最重要的是食物。要养育一个18岁的孩子，需要为他提供大量的热量、蛋白质和其他养分。需要搜集食物来喂养发达大脑的孩子，对人类来说是很沉重的压力。举例来说，一个正在发育中的人类新生儿，有87%的能量被发育中的大脑消耗，而其他动物的父母则用不着满足这样的需求。别忘了，一万年前的人得打猎才能得到这一切能量。即使孩子能走能跑之后，我们也不让他们参与收集食物的工作。这状况或许让他们显得像是人类社会的负担，却也能防止他们在搜集食物时遇到危险。和其他灵长类比起来，人类儿童的死亡率很低，一部分原因就是我们不让孩子参与狩猎和采集。人类儿童死亡相对较少，另一个原因是在他们生病的时候，其他人还会为他们提供食物；但许多动物要是"暂时"生病，常常就会饿死。

其实，人类取得食物的整个系统都很独特。大部分的灵长类会消耗大量养分含量低，但非常容易取得的食物——野生黑猩猩的

食物大多是唾手可得的。相对之下，人类曾经不得不改变饮食习惯，
事情大概发生在200万年前，那时的气候变迁使得非洲草原的面积
扩张。非洲的人类为了因应干旱而待在没有遮蔽的地方（这非常不
像灵长类的行为），在广大的区域里搜寻食物，希望找到罕见而难以
取得的珍贵食粮。灵长类之中，人类特别擅长取得埋在土里、有外
壳、外层有毒或跑得比我们快的食物。人类专门找需要技巧才能取
得的各式宝贵食物（要靠寻找、挖掘、剥皮、智取），而这大概是
我们变得如此聪明的主要因素之一。

　　当然，人类需要时间来学习这些技巧。黑猩猩5岁大的时候，
已经可以取得足够喂饱自己的食物，它们很快就会成为颇有效率的
采集者，且在以后的成年岁月里都保有这种能力。相反地，人类大
概至少要等到20岁以后，才能对社群的食物储备有所贡献。不过，
接下来发生了奇妙的事。现代狩猎采集的社会里，成年成员取得卡
路里的能力，会随着学习狩猎和采集技巧而不断提升。研究显示，
狩猎采集者在20—35岁之间取得食物的能力会提高3倍。最后，每
个人类得到食物的速度，都远超过任何一只黑猩猩。换句话说，人
类虽然花了很长的时间才学会技能，但最后会非常擅长做这些事情。
从这个故事来看，最令人满意的信息是，人类取得食物的能力在45
岁达到巅峰（黑猩猩大多活不到那个岁数）。45岁的时候，狩猎采
集者的体力逐渐变差，骨质量和灵活度也开始下降，但他们拥有多
年的实践经验，所以还是胜过比较年轻的同伴。中年人为社群取得
资源的能力一向最强。

提供食物给后代的行为，对人类社会有着惊人的影响。这不是所有成人提供等量的食物喂养年轻成员这么简单；而是有些成员狩猎和采集的成果，就是比其他人丰硕。灵长类群落大多可以全体一起四处游荡，轻松捡食食物，但人类不可能这样。高超的狩猎采集需要技巧和灵活性，不可能同时带着小孩和双亲，所以人类必须分工。社群的一些成员出去找食物，其他人则留下来。除此之外，人类还有一套系统，即没有子女的成员也会贡献资源给成长中的儿童。现代从事狩猎采集的父母从其他成人那里得到帮助——针对南美狩猎采集者进行的研究显示，每对夫妻在抚养子女时，平均会得到另外 1.4 个成人的帮助。这样看来，人类普遍的趋势是，由成年男性（尤其是中年的成年男性）给为人父母者提供额外的食物。或许也是由这些中年男性来"训练"年轻男性；而年轻男性最终将取代这些人的角色（当然，这表示中年女性并不是主要的食物来源提供者。我们之后会再来分析她们有什么贡献）。

所以说，人类觅食的模式与众不同，而中年人在其中起到了关键作用。在人类社会中，频繁地重新分配食物似乎关系重大，这或许正是人类高度社会性的基础，而高度社会性或许是我们头脑如此发达的另一个重要原因。就这样，人类生物学的独特元素如何协力演化，答案逐渐水落石出。年轻时，我们庞大的头脑需要非常多的能量，常常需要由父母之外的人提供；我们背后的这种支持也束缚了我们，让我们受制于紧密的社会协作；而这种社会性需要更大的脑容量。人类处于一个智力、技术和社会性的良性循环之中，而驱动这个循环的力量正是中年人。

* * *

养育一个正常成长的人类儿童，需要的当然不只是食物；他们还需要信息。先前我们看到，大部分的信息存在于基因中。许多动物的所有信息都在基因里，但在哺乳类（尤其是人类）这么复杂的动物中，年轻个体会得到另一种形式的重要信息——跟长辈学习。

将学到的信息以非基因的方式传承格外重要，因为其中包含日常生活中用得上的大量信息，而这些有助于人们存活并且繁衍。各式各样的知识、技术、价值观、态度和目标都会代代相传，而这种信息的集合体或许可以称为"文化"。人类用老练的手段搜集食物，用复杂的方式照顾后代，有繁复的社会互动，因此年轻人需要习得许多文化。我们生下来几乎没有任何做事的知识，所以两代之间的知识传递不可或缺。在成长过程中没有机会和其他人接触的儿童，当然无法习得人类的文化，而且在往后的生命中会觉得难以正常生活。

乍看之下，用这种非基因的方式把信息传递到下一代，似乎显得靠不住。这不像以DNA基因遗留给后代的方式那样确定可靠。文化要永远传承下去，必须仰赖对下一代口口相传和以身作则这两种方式因时制宜的综合作用。即使只有一个世代的文化传承失败了（由于环境或社会中发生的灾祸），之后世代存活和发展的能力所受到的损害都将无法弥补。基因可以延续几百万年，但思想却会轻易地溜走。然而，这种代际信息传递会瞬息消逝的特质，也是它最大的优点。一个人在某个当下得到的新技能或新知识，可能在其家族、后代、盟友和朋友之间迅速延续。

其实，文化虽然会随着时间改变，却显得特别有韧性。人类社会尽可能地把他们的思想和实践传递给下一代，少有失败的例子。当然，人类身为唯一拥有真正意义上的语言的物种这一特点，在这一过程中发挥了很大作用。所以，我们甚至不用给年轻人示范，让他们知道该怎么做；我们只要告诉他们就行了。人类的独特之处，在于我们可以用语言表达我们所想到的任何事，所以人类文明的发展才会远超其他有智慧的物种，而不像它们那样，只能搜集食物、使用工具和用声音传递信息。所以，只有人类的成年女性才能批评女儿在冬天晚上穿得太少，只有人类的成年男性才能对70年代摇滚乐的琐事讲个不停，烦死他们的儿子。

除了中年人，还有谁能扛起这个文化传承的重责大任？人类的生命蓝图理论主张，人类过了生育年龄还可以活很久，就是为了扮演这种传递信息的角色。我们已经知道，中年人类兼具经验和精力，是人类所需最有力的提供者。好啦，这下子我们知道，就算精力开始衰退（肌肉萎缩、骨骼肌减少），人类社群的年长成员仍然是经验最丰富的人。世界上到处都是中年人在教导及训练青年，虽然这些青年常常比中年人更聪明伶俐，中年人却因此拥有惊人的固有价值。

如果达尔文还活着，想必他会漾起睿智的微笑，他会告诉我们，这表示中年也会受到自然选择的影响。由于人类生命里的中年阶段有助于后代的成功，所以即使中年发生在大部分的人不再生育之后，却仍然会演化。文化传承赋予人类一种演化上的重要性，这重要性远远超过生育这种基本能力。

那么，这个中年文化传承理论有什么证据呢？这么说吧，我们都知道，人类随着年纪渐长，会越来越喜欢提出建议、表达意见。随着人类逐渐老去，传达经验的渴望可能变成难以抑制的冲动，有时候甚至很恼人。到了中年时期的某个时间点，我们会突然察觉到一种双重体认：我们对社会的贡献，经验和知识所占的比例越来越大，而这辈子还能传达这些经验和知识的时间却越来越短。中年的时候，把慎重而平衡的观点传达给下一代的时间似乎还足够，但老年的时候，这个过程变成拼命想把信息塞给下一代，他们却好像没在听，令人沮丧绝望。要说的事太多，剩下的时间却太少。

当然，这类的观察完全没有科学根据，但中年人类是信息宝库的概念很符合人类生命蓝图的特殊结构。中年人类虽然生育的频率大幅降低，身体也明显出现衰退的征兆，但人类其实一般不会在中年死去。我们在稍后几章里会看到，我们的头脑（尤其是记忆和语言的部分）在四五十岁之间没有明显衰退。当然，处于这一年龄段的人（无论是父母、其他亲戚、朋友，还是职场的良师），所起到的主要作用是储存、传授信息，会有这样的情况也是意料中的事。在这样的前提下，值得注意的是，研究显示老年人对支持年轻人兴趣缺缺，可能是老年人罹病或死亡的早期预兆。仿佛我们一旦不再把思想传承给年轻人，自然选择就对我们失去兴趣。

现在有些神经科学家认为，他们找到了人类大脑里与延续文化的意愿有关的部位。他们特别指出，大脑额叶的"第十区"和前扣带回（anterior cingulate gyrus）的梭形细胞——这两个新演化出来而有交互作用的人脑区域，或许与此相关。在我们感觉到自己的失败时，一般认为以这两个区域为中心——大多数成年人类不会放弃，也不会寻求建议，而是分析哪里犯了错，思考下次如何才能成功。科学家主张，这个头脑回路是中年内省的基础（我们之后会更深入探讨），而有些人认为，这也驱动了我们传承知识和经验给年轻人的冲动——让他们从我们的错误中学习。

我们身处探索中年人类的转折点；现在，我们不只知道人类是怎么演化出中年人的，也知道是为什么了。我们明白中年人拥有优越的觅食技术和经验，这些是人类物种存活和延续的关键，少了中年人，人类辛苦维持的生活方式就完全行不通了。中年的改变那么明显、突然而独特，因为这并不是无法控制而逐渐衰退的症状，而是自然选择让这些改变成为我们的一部分，无论从实质还是文化的角度来看，这些改变都带给我们巨大的益处。

现在，我们可以继续探讨现代中年的本质——40岁时，我们发生了哪些改变、为什么会发生这些改变。但在开始之前，我还有一件事要补充。庞大而发达的脑部是人类演化的独特特征。我们的头脑不但让我们发展出极其复杂的技术和文化，也让我们有了自觉。关于中年的古历史研究，有一种令人惊诧的观点。过去200万年以来的这些中年人，并不是不会思考的机器，只受到演化无情的操控。千万要记得，那些人很可能和我们一样聪明、有自我意识。200万年以来，那些中年人思考的意识，和现在的中年人没什么不同。大多数中年人可能都在皱纹出现之后，就认真考虑过自己在社会中所扮演的角色。许多人会思考自己的余生要做什么。我相信，几乎所有人都会为了他们在年轻时所犯下的错而感到懊恼。

现在，我们对中年的观点永远改变了。我们不再把史前人类当成由毛茸茸家伙（主要是年轻人）集合而成的乌合之众，用原始的方式拼命为下一餐打拼。现在我们可以想象，他们被顽固、自信、偶尔自以为是的中年人，管教成觅食、养育小孩的机器。

下垂？皱纹？毛发灰白？为什么？

Saggy? Wrinkly? Grey? Why?

保持年轻美丽，

你有责任保持美丽，

保持年轻美丽，

如果要有人爱你。

——阿尔·杜宾（Al Dubin），

《保持年轻美丽》歌词，1933 年

现在来看看坏消息。

你或许注意到了，我对中年很乐观——热衷于歌颂一个独特而关键的人类创新，这一创新经过演化，变得有生命力、积极正向，而且过程可能是令人愉快的。不过，我不能否认，中年也有负面的面向，但我希望把这些面向压缩在这一章节内。

40岁左右，我们的身体看上去发生了很大变化。我们的发育过程似乎内建了一些比较突然且明显的变化，这些变化不是缓慢渐进地影响我们，而是猛然抓住我们的肩膀，强硬地指出新方向。当然，不论生日贺卡怎么写，我们都不会在40岁就突然"变老"。人类中年的本质绝对不是变老。不过，改变依然可能是剧烈的，而改变会那么迅速，表示这其实是一个有计划、有目的的过程。我们生命的重心在几年之内永远改变了。

演化的力量及其对创造中年的影响，确保中年对身体的不同部位以不同方式产生影响。中年人类注定扮演提供资源和传承信息给年轻人的重要角色，而其他事（例如拥有好看的外表）则变得没那么重要。从演化的观点来看，重要的是人类异性夫妻生下婴儿（即使你是同性恋、单身，或决定不要孩子，至少你所有的基因应该还是来自一对生育孩子的异性夫妻）。随着年纪变大，生育潜力会逐渐降低，这是因为我们剩下的岁月变少了。所以，追求者或许觉得我们还很迷人，但他们选择我们，通常不是把我们视为一同生儿育女的可能伴侣，因此不会再因为我们年轻又有生育力的外表而选择我们。自然选择因此不再能关注我们的外表特征。我们的外表可以衰退，只要我们还能让他人认出自己，还没变得年老色衰或讨人厌到所有目前或可能的伴侣都被吓跑，都在容许范围内。40岁之后，你我肤浅的面向从某种程度来说可以被抛弃；这话在字面上和比喻上都成立。

中年，最悲惨的正是身体组织中最外面的皮肤。皮肤似乎是最"可抛弃"的"体细胞"。惊人的短短几年里，皮肤明显变得没那么……好看。这些改变需要几十年的时间才能完成，但开始的过程可能因来得突然而令人沮丧。许多人还希望自己看起来像路克或莉亚公主时，大自然已经不在乎我们最后是否会长得像《星球大战》里的尤达。中年的种种要素之中，皮肤的改变似乎最残酷且毫不留情。那么我们能怎么对抗这种皮肤的退化呢？

＊＊＊

皮肤是庞大而复杂的器官。主要由两层构成：看得见的表层被称为"表皮"（epidermis），厚而有韧性，表皮之下更深的被称为"真皮"（dermis）——这样的配置有点像迷人的地毯铺在有弹性的地毯垫上。表皮会不断更新，最深层的部分持续产生新细胞，新细胞大约在40天里逐渐移向皮肤表面，它们慢慢变得坚韧、防水，之后暴露在空气中脱落、死亡。所以表皮的最上层，就是我们喜欢抚摸亲吻的那层带光泽的表面，恐怕只是即将死去的废弃物。相反地，真皮则比较厚实而且有生机，含有血管和神经，其中的细胞会产生纤维，使皮肤强韧。表皮和真皮联合起来包住我们内部的构造，把外界那些侵略性的东西挡在外面，在某些地方也会形成其他不同的构造。比方说，一丛丛细小的表皮可能陷进真皮中，但仍然和外界接触，借此形成哺乳动物皮肤的两个独特特征——长出毛发的毛囊，以及分泌汗水和皮脂的腺体。皮肤是神奇的器官，静静地执行着许多重要的功能，但是对中年来说，与皮肤有关的各种消息呢，坦白说，都是坏消息。

中年的早期，皮肤开始失去弹性。皮肤弹不回来的情况或许令人讨厌，但背后其实有个很长的演化过程。地球生命史中最重要的联合行动，发生在个别细胞聚在一起形成多细胞生物的时候。在地球历史的大半岁月里，生物都是单细胞的细小微生物，没什么变复杂的机会。比较近期时，细胞才聚在一起形成动物、植物和真菌，此时细胞就需要细长纤维状的分子把它们固定在一起。让许多动物固定成形的细长分子是一种蛋白质，称为"胶原蛋白"（collagen），另一种和它一样具有弹性的纤维，叫"弹性蛋白"（elastin），动物的体重中相当的比重是由这两种蛋白构成的。

真皮充满胶原蛋白和弹性蛋白纤维，因此强韧而有弹性。中年时，真皮的胶原蛋白和弹性蛋白衰减，造成许多美容相关的烦恼。产生这些纤维的细胞数量减少，因此产生及补充这两种蛋白的速率降低了。此外，纤维可能主动断裂、混乱地累积，或不正常地纠缠，让皮肤变得脆弱，难看的凹凸不平——凹凸不平常常会产生皱纹，这可不是好事。除此之外，中年时真皮的血液供应量也减少，而表皮变薄，防水的细胞联结得较不紧密，使得皮肤变得苍白而半透明，不再是那么好的保护屏障。

虽然皮肤胶原蛋白和弹性蛋白有点退化实在无可避免，不过有些事却会让这种情况变得更糟。其中最主要的或许是晒太阳，这一现象甚至有个专有名词："光老化"（photoaging）。研究显示，紫外线会妨碍胶原纤维正常联结，还会促使破坏弹性蛋白的酶素产生。实验发现，如果用化学物质抑制这些会受阳光活化的酵素，就能减少皱纹的产生。不过，吸烟对人类皮肤的伤害可能比阳光更严重——吸烟会减少流向皮肤的血液；烟雾会让脸部的表皮干燥；噘着嘴叼住香烟、眯眼挡去飘进眼里的烟，也会产生皱纹。总而言之，没想到阳光和香烟这两个因素会造成这么多伤害，我们居然还直觉认为晒黑的皮肤等于健康，有时甚至觉得吸烟看起来"很酷"，真是令人惊讶。

还有其他因子会加速胶原蛋白和弹性蛋白衰减。重力是个无情的凶手，不过我们几乎都是直立着，所以也没什么办法。不过我们倒是可以改变睡觉的姿势。年轻时，刚起床时脸上压着床单的印子或许有趣，不过年纪大了之后，脸上的这些纹路会越来越难消退。这点尤其重要，因为最容易让我们显老的，正是脸上凹凸不平的皮肤——缺乏弹性使我们的眼皮松垂，或是上唇内缩，下唇凸出。如果想要显得年轻就要仰着睡，而且为了类似的理由，最好少摆出夸张的表情。最后，压力也会影响我们的外表；压力会促使身体释放糖皮质激素（glucocorticoid hormones），这种激素会使得皮肤的胶原蛋白纤维断裂。

没错，很多东西都会加速皱纹的产生，我们相信，外在的影响和基因对皮肤失去弹性的影响力，其实差不多。很明显，我们可以通过避开阳光、香烟、压力和枕头的"复仇"，来减缓皮肤老化。但皱纹出现之后，还有什么办法吗？很不幸的是，老化的胶原蛋白—弹性蛋白系统并没有奇迹似的疗法；当然，这并不能阻止整个中年的化妆品工业建立在这样的"疗法"上——这个工业声称的事，常常游走在诈欺边缘。

　　维生素A的疗法可能有用，不过成效有限。维生素A虽然能促进皮肤产生胶原蛋白，但口服恐怕会比掺在贵之又贵的面霜里有效。说来矛盾，维生素A可能让表层的皮肤显得干燥，所以必须加上保湿剂，以免顾客想把钱讨回来。用维生素C和维生素E来减少皮肤凹凸，也有道理——维生素C的确在产生胶原蛋白的过程中起了一定的作用，而维生素E则会中和有破坏性的活性氧化物。不过，无论是维生素C还是维生素E，对中年人类皮肤弹性或外观的影响都未经证实。我最怀疑的美容产品是含有胶原蛋白（有时还有弹性蛋白）的面霜，皮肤存在的主要理由是为了阻止化学物质进入身体，而一块块加工处理过的胶原蛋白或弹性蛋白，不大可能穿透多少层表皮，更不可能穿透到达真正"需要"胶原蛋白或弹性蛋白的真皮层。即使到得了真皮层，我可未必想要那东西神奇地结合进我的真皮，何况更不要说，化妆品公司究竟是从哪里弄来的那些胶原蛋白。

　　所以，想要避免一些皮肤的皱纹，与其更换面霜，不如改变习惯，但是一旦长出皱纹就没办法了，除非动手术把皮肤拉平，或是用肉毒杆菌素麻痹皮肤，让脸皮变成一张平滑没表情的面具。别再浪费钱了，不如针对皮肤的未来，给你的孩子一些好建议。我从长年痛苦的经验中学习到，很多孩子不愿意吃得健康，老爱臭着脸，不肯避开阳光，而且中年对他们而言遥远到无法想象，他们通常不大担心到那时候可能看起来像个褐色皮包。就皮肤而言，循规蹈矩的青春远远好过受到误导而挥霍的中年。

　　皮肤失去活力和弹性的情况，对每个人的影响都不同。这可能造成耳垂下垂，鼻子拉长；在女人身上，则是乳房下垂的主要因素。

可惜乳腺不是为了长期结构完整而设计的。乳腺和其他重要腺体不同，既没有骨骼保护，也没有肌束支持。乳腺完全是皮肤的衍生物［大约是改造后的顶浆腺（apocrine sweat glands）］，所以唯一实际的支撑是皮肤中存在的胶原蛋白和弹性蛋白那一点点帮助。更糟的是，乳房组织的主要组成（脂肪和乳腺）本身的结构并不强健。因此，松弛的乳房纤维囊会逐渐衰退，在对抗重力的"战争"里节节败退，也因此，胸部小的女性眼见着曲线迷人的女性的胸部早一点下垂，会有某种满足感。曾经怀孕、哺乳也会加速衰退，因为怀孕和哺乳会使得乳房膨胀、缩小，进一步拉长纤维囊。另一个"没有支撑物"的重要人体器官是睾丸，许多中年男性发现他们的睾丸会随着阴囊的皮肤松弛，垂得越来越低。与乳房不同的是，至少还有一块肌肉连接睾丸和躯干，但就算那块肌肉也会逐渐衰弱。

不过，中年皮肤发生的变化不限于失去韧性和弹性，还有其他不利的因素在真皮下运作，对我们的外表产生不良影响。很多人的皮下脂肪垫会萎缩，脸部的情况尤其明显；而先前，这些脂肪垫让他们脸部的轮廓丰满平滑。令人沮丧的是，这发生在我们许多人试图控制体重的时候；中年时体重迅速下降，可能让脂肪垫加速消失，最后让我们看起来更老，甚至显得憔悴。

经常会暴露我们年龄的另一个部位是手，而到目前为止，整形医师能够解决这个问题的办法并不多。这种现象是因为我们的手虽然有些皮下脂肪，但垫在皮下的大部分是操作手部复杂动作的肌肉。这些肌肉在中年时会萎缩，部分可能被纤维组织取代，使得手的外观变得皱纹遍布，骨瘦如柴，且指甲变细、变得凹凸不平，这会让手整体看起来更糟糕。

中年的时候，皮肤的相关分泌情况也会减少，包括"汗腺"分泌的水状汗液，因此我们承受热度的能力也下降了。此外，皮脂腺的分泌也会减缓，这种情形可能对皮肤微妙的湿度平衡产生负面影响。这一改变在女人身上要剧烈得多，根据研究，即使接触自来水这么基础的保湿剂都能迅速提高中年女性皮肤的柔软程度，但不会影响男性。当然，这表示女性使用保湿剂比较有效，尤其是在深夜里她们睡觉之前。其实，保湿大概只是少数真正有效的化妆品对皮肤的干预，不过这种办法的时效很短，需要经常补充，因为保湿剂只会影响最外面几层的表皮细胞，而这几层细胞注定会在几天里脱落而被取代、更新。

中年皮肤这个悲剧故事的最后一章与皮肤色素有关。人类皮肤的颜色取决于色素——黑色素（melanin）和类胡萝卜素（carotenoids）——辅以真皮层血管中红细胞的温暖色泽。前面说过，中年时真皮的血液供应量会下降，皮肤也会因为脆弱、弯曲的血管而变得凹凸不平。不过，肤色最剧烈的变化是黑色素的分布变得更不规则、不均匀。中年时，分泌黑色素的细胞总数下降，同时皮肤的血流速度下降，大多数人的皮肤因此显得较为苍白。中年人虽然普遍皮肤苍白，却常出现黑色素聚集的斑点。这些斑点可以称为"肝斑"或"晒斑"，不过这和肝没什么关系，第二个别名倒比较准确。这些斑点的主要成因是晒太阳，这种皮肤存放保护性黑色素的自然趋势，永远铭记在我们老化的一块块皮肤上。就这样，我们又一次在步入中年的时候，为年轻时在阳光下玩乐而付出代价。

哺乳类动物的皮肤最了不起的细节是毛发。表皮的细小毛球（bulb）开始伸出含色素的细长柱状角蛋白（keratin），形成毛发。

至少在我们年轻时，这些柱状物还含有色素。毛发变灰的过程通常断断续续地从30岁开始，在中年时飞快地继续，到了60岁，我们大部分的人几乎都满头灰发了。头发变灰的年龄和速度当然因人而异，我们认为头发变灰几乎完全受到基因控制，因此，头发变灰和皮肤老化大不相同，你几乎什么也做不了（除了染发）。就连人类之间也有一定的差异，例如高加索人头发变灰的年纪比其他人种更早。然而，要知道，头发变灰和中年人的许多特性不一样，这并不是人类独有的特征。想想年老的黑色拉布拉多犬有银白的吻部，就知道许多动物在年纪大的时候，毛发也会变灰白。不过，巨猿的毛发的确最容易变灰，还有雄性大猩猩的夸张银背，或是围在年老的黑猩猩脸部的那道灰色，都让我更加怀疑，灵长类是否把灰白的毛发当作彰显年龄的特别信号。也许我们甚至用这点来表现自己身为文化信息宝库的重要性。

人类头发变灰并不是一个均质的过程。最先变灰的常常是额头处，或是一小撮一小撮地沿着刘海变化，然后一点一点地蔓延到全部头发。很多人的头发是灰发和有色素的头发交杂，这一情况常常会维持几十年。体毛通常在头发之后才会变灰，而男性脸上毛发变灰的过程可能很复杂，这或许反映了对其他许多灵长类而言，胡须和脸部毛发是雄性气概和权势的象征。最后是大家都不想思考的一个中年问题，没错，阴毛也会变灰，不过幸好比较晚才开始，而且有时完全不会变灰。

　　科学家就要接近毛发变灰背后的真相了，不过并没有因此得到灵感，从而找出延迟毛发灰白的方法。毛发和皮肤不同，毛发的颜色完全取决于黑色素，即使红发的颜色也是来自"假黑色素"（pheomelanin）。头发变成灰色，是因为个别毛囊里失去黑色素。人体大部分的黑色素是由黑色素细胞（melanocyte）这种罕见的细胞产生的，这些细胞形成于发育中的胚胎神经系统附近，然后分布到全身上下。这些细胞聚集的地方之一正是毛囊，它们在这里把黑色素融入成长中的角蛋白毛发里。

　　毛囊不会一直长出同样的头发。头发大约每5年就会脱落，新的头发开始生长，新的黑色素细胞会涌进毛囊，产生色素。中年时，毛囊补充黑色素细胞的效率变差，黑色素细胞进入毛囊之后，也比较容易死亡。不过，这种衰退并不会均匀地发生于全部头发，这种情况只会影响个别的毛囊，所以大多数人才会经历一段"头发白花花"的阶段，有色素的毛囊之间掺杂着没有色素的毛囊。黑色素细胞虽然分散，但黑色素细胞的衰退却无法逆转，所以拔灰头发并不会让你长出有色素的头发（这也不会像一般人以为的那样，让一个毛囊长出一连串的灰头发）。毛囊黑色素细胞衰退可能是中年预先设定的一个改变，也可能是多年来不断产生头发的极端代谢需求，使得毛囊"枯竭"。制造黑色素会产生活性氧化物的副产物，我们已经看过，这些副产物参与了老化的过程。毛囊也能累积高浓度的过氧化氢，这些过氧化氢不会直接把头发染成淡金色，却会"毒害"黑色素细胞。

　　毛发的分布和毛发的色素一样会在中年改变。我不会讨论男性脱发的模式，因为男性脱发往往早在二十多岁就开始了，所以并不是中年的典型特征。不过，毛发质地和人体大部分的毛发分布，的确会出现惊人的改变。体毛有两种：细致、柔软、几乎看不见的"毫毛"（vellus hair），以及粗糙、通常含有色素的"终毛"（terminal hair）。毛囊受到雄性激素（例如睾酮）的刺激，原来飘逸的毫毛会转成突出的终毛。所以，男性和女性的体毛和头上毛发才会有差异。其实他们的毛发分布几乎相同，但女性的大部分是毫毛，男性则大多是终毛。此外，不同的毛囊对雄性激素的敏感度也不同，所以几乎所有女性的腋窝都会长出明显的毛发，下巴的毛发却不明显。

除了男性的体毛，我想不到有什么更明显的证据，能证明我们的发育过程在一生中持续产生作用。人在青春期、18岁，甚至在这之后，都不会"明确"形成最后的体毛分布。相反地，体毛的分布模式到二三十岁还会持续改变，而且常常持续到年纪更大的时候。"生命时钟"很显然还在滴答走动。中年之前，看起来通常像一片浓密的毛发森林；但到了中年以后，之前不断成熟的男性体毛变得没那么吸引人了。大家的耳朵和鼻子里都会长毛，不过通常是不显眼的毫毛，我们推测，这些毫毛应该具有些微的保护作用。不过，中年男性的眉毛和耳朵、鼻子里的毛都会变粗、变长，报纸广告上那些古怪的除毛道具突然有用武之地了。女性也会长出更多终毛，只是数量远比男性少。不过，她们比男性更容易把上唇或下巴偶尔出现的终毛视为美容上的耻辱；至于男性，他们已经有几千根这样的毛发。中年体毛有个恼人的矛盾处，许多中年体毛最讨厌的特性都是血液中的男性激素造成的；然而中年常常是这些激素减少的时期，之后我们会看到，有些男人会怀疑这是他们失去性欲的原因。中年的毛发真是难搞。

＊＊＊

分析自然选择在人类四五十岁时，对人类的外表失去兴趣，没什么不好。不过，我们真正担心的是，我们对自己的感觉会受到什么影响，还有其他人对我们会有什么反应。

人类天生就会评判别人的年纪和美貌，这点不需要怀疑，我们会以这一章介绍的许多现象为线索来加以解释。比方说，对视觉系统的研究显示，皮肤色调年轻而均匀的脸孔，最容易吸引我们的目光，而我们在这些脸上的视觉"停留时间"也比较长。此外，问卷调查的研究结果显示，肤色均匀被视为年轻、有吸引力的象征，而皱纹、灰发和缩小的唇部，会让人觉得年纪比较大。其实，我们的潜意识似乎探索得更深入一些，我们分别把皮肤的色素和质感视为健康和寿命的重要指标。比较同卵双胞胎的研究显示，吸烟或较常暴露在紫外线之中的人，吸引力的评分比较低。其他的双胞胎研究显示，40岁以下者的体脂肪含量增加，（在被要求猜测他们年龄的受试者眼里）会显得比较老；40岁以上者增加体脂肪，则会显得较为年轻。这与一般人对自己皮肤的评估意外地一致。

大部分这类研究检视的都是女性的外表，换句话说，由男性和女性来评估一张女性的脸孔年不年轻。我怀疑这样的实验设计，不是因为研究社群中存在固有的性别歧视，而是因为女性对皮肤老化和头发灰白的担忧显得更为强烈。谁都不喜欢皮肤或头发老化，不过看起来女性的确比男性更担忧这一点。许多人表示，两性之间吸引力的"不对称"（尤其是年纪增长之后）相当不公平。研究显示，不管男性还是女性，都不会用对待女人脸部皱纹和灰发的负面态度，来看待男人的皱纹和灰发。从某种程度而言，这一点对男性来说很有利，因为男性的脸部肌肉比较灵活，会较早在中年长出皱纹。不过我并不认为，我们对两性老化的认知差异，可以完全用"我们生来就接受男性比女性粗犷一点"来解释。

相反地，不同的人身上吸引我们的是什么，几乎取决于这个人是男是女。我们之后会再继续讨论人类老化在本质上的不公平现象，目前就暂且如此吧，我相信这能解释我们看待男性和女性的中年时，为什么看似不公平。在政治正确、导向科学的现代世界里，我们很容易忘记生命中有些事本来就不公平，而年纪与美貌正是如此。有些中年人美丽，有些显得年轻，有些看起来年轻又美丽，更多的则是不年轻又不美丽，而我们只能接受这个事实。至少发达国家的中年人看起来已经比以前年轻了——染发、吃得好、戒烟、在室内工作，对我们大有好处。

即使我们很不想承认，但我们的头脑天生就会受到肤浅的吸引。不过，一对伴侣在年纪大了之后，会发生什么事呢？是什么让人类夫妻维系在一起？对一对伴侣而言，他们会随着自己步入中年，慢慢在性方面或感情层面，变得喜欢较年长（也就是刚好与他们的伴侣年纪差不多）的男子或女子吗？或者他们只是把伴侣过去的年轻身影重叠到自己眼中真正的影像上面？还是人类的一夫一妻制只不过是一种社会的产物，中年人事实上宁可抛弃逐渐年老的伴侣，去找比较年轻的人？我们之后会继续思考这些发人深省的问题。

　　中年时，外表的改变也会强烈地影响我们的自我形象，而这主要是因为人类生命蓝图里年代分类的缺失。在儿童和青少年时，我们"觉得"自己很年轻，主因之一是，我们觉得自己"看起来"很年轻。我们的皮肤有光泽，肤色均匀，毛发茂盛色深，这和我们的父母形成强烈的对比；在我们的年纪大到会注意这些时，父母的皮肤和头发通常已经显示出中年的变化迹象。即使我们才满20或30岁，我相信我们还是会把自己归类为"年轻人"，因为即使这时候我们肩上的生活压力已经变重了，但我们仍旧皮肤光滑、毛发浓密。不过，一旦超过40岁，我们就会开始注意到外表的改变；我们一向直觉认为那是我们父母的模样（恐怖哟！）。人类是非常有自我意识的物种，而中年来临时外表令人吃惊的改变，是一个能让我们改变对自己的看法的残酷因素。

　　这就是坏消息，现在我把它浓缩在一章里了。我们的结论是：生命不公平，特别是和皮肤有关时更是不公平。中年时外表的改变看似是人生中简单明了的一部分，但这下子，这些改变带来了"性别"这个烫手山芋，我们稍后会加以说明。在那之前，我们会讨论中年外表的另一个面向，你可能很意外，我对那个面向的看法居然比较正面。接下来的主题是：肥胖。

中年发福很正常，不是吗？

Middle-aged spread is normal, isn't it?

　　人类的体重正在发生奇怪的事。我们几乎每天都会听到，肥胖的程度不断攀升，成了发达国家的严重问题。人们现在比以前胖，而且肥胖造成各种疾病，人类的平均寿命甚至可能因此在几个世纪以来第一次缩短。

　　然而，我们不该对这个现象感到意外。吸收的卡路里和消耗的卡路里不均衡，必然导致肥胖，就这么简单而已。很多人坐着不动的时间比他们的先辈在几十年前更多，但我怀疑，现代肥胖的主要凶手是食物密度和容易取得的程度。现在大量高脂高糖的食物对很多人而言唾手可得，而且我们很喜欢吃这些东西。我们周围的环境，到处都是涂着橘子酱和巧克力的Jaffa饼干，难怪我们完全无法抵抗Jaffa饼干的诱惑。我们甚至让孩子也变胖了，这可是了不起的

"成就"——未成年的哺乳动物在成长和玩耍的过程中会消耗大量的能量，要把他们养胖其实很不容易。

然而，我们在探索人类中年的过程中，不该把重点过多地放在"现代肥胖"上，也不该让这个问题模糊了我们真正的目标——人类体形在四五十岁时是如何改变的，又为什么会改变。中年的体重增加是另一种独特的现象：早在儿童肥胖变得普遍之前，中年肥胖就很明显了，而且中年肥胖会引发一系列其他问题。此外，大家常觉得中年肥胖很自然、很正常，可以接受。事实真是这样吗？

肥胖这件事很不可思议。成人身上常常有10—15千克的脂肪组织，这一分量的脂肪所含的热量可以让我们活上两三个月，实话说，很难想出预防未来食物缺乏更有效的办法了。

在发达国家，有八成的人在40多岁时体重增加。研究显示，男性在40—50岁间，体脂率会从23.6增加到29.3，女性则从33.4增加到37.8。体重平均一天增加一克，虽然听起来不多，但多年积累下来，很快就积沙成塔。那一克也显示了饮食与运动的平衡，如果持续估计错误，即使错误很小，也容易产生惊人的影响。

但这些都是平均值，会掩盖复杂的模式。比方说，社会经济和教育程度对中年肥胖也有复杂的影响。"地位比较高"的女性在青年时期比较瘦，而且之后继续保持，不过她们的肥胖程度在中年时比较早达到巅峰。相反地，地位高的男性年轻时没有同样的苗条趋势，但他们肥胖程度到达巅峰的时间比地位低的男性晚。在发达国家，男性的体重在大约55岁时到达巅峰，而女性则是65岁。此外，值得注意的是，目前虽然肥胖泛滥，但瘦的人并没有变得比较胖，而是和以往一样瘦，只是胖的人超乎比例地更胖了，因此平均的肥胖程度向上偏移。这些趋势在发展中国家也很复杂，有些国家呈现出和发达国家相反的模式，他们的肥胖程度在20—50岁之间下降；其他国家则的确有中年肥胖的情况，但是却同时出现儿童营养不良的状况。

　　人类一生中获得脂肪的阶段，主要有五个，不过只有前四个阶段有显著的益处。第一个阶段是在胚胎期的晚期，我们在几乎没有脂肪的骨架上加上一层薄薄的脂肪层。外面的世界寒冷、严苛，我们要适应在外面的生活时，会发生代谢紊乱的情况，这层脂肪就是为这一情况所做的准备。第二个储存脂肪的阶段是婴儿早期，我们储存脂肪以供应快速的生长、剧烈的活动，并且建构庞大的脑部。很多人不论最后的身材如何，在婴儿到幼儿的转变期都圆圆胖胖的。第三个阶段是女性的青春期，此时雌激素促使储存脂肪，让女性发育出独特的曲线。第四个阶段发生在怀孕和哺乳时期，这时脂肪的储存量增加了2—5千克，以满足胎儿和新生儿成长的庞大需要（虽然科学文献并未提到，但我想插进另一个脂肪储存的阶段，这一阶段发生在我们不再长高的时候。许多女性的体重在18岁之后都会增加一点，男性青春期瘦巴巴的体形通常能维持到21岁左右，因为他们骨头停止生长的时间比较晚。大量的酒精加上不再拉长的骨架，可能突然造成储存剩余卡路里的趋势）。

　　储存脂肪的这四个早期阶段都很有道理，发生在中年的第五个阶段则没那么容易解释（稍后我们会分析这个问题）。我们已经知道，在发达国家和发展中国家，很多中年人的体重并没有增加，所以体重增加显然不是放之四海而皆准的现象。不过，如果有足够的食物，中年就会发福的趋势很明显，虽然很难解释产生这一趋势的原因。

人类获得脂肪时，脂肪会往全身分散去。大部分脂肪会囤积在皮肤的真皮层下，甚至会囤积在手指、脚和头皮这些部位，所以减重的人常常得买小一号的鞋子和帽子，而且戒指不再合手。不过，脂肪也会存在于身体内部，在胸腔内、网膜上，形成一层胃上的脂肪膜。

人类和大部分物种不同，两性之间的脂肪量与脂肪分布都存在极大的差异。青少年时期，先前的一些细微差异因为雌激素的作用而放大，女性储存的脂肪比男性多；到成年时，女性身上的脂肪比男性多三分之一到二分之一。这些脂肪大部分是皮下脂肪，虽然女性四肢的皮下脂肪也比较多（女性就连小腿和前臂都比较有曲线），但主要还是储存在乳房、臀部和大腿处。这种脂肪的分布情况，在不同女性身上当然不一样，有些女性大腿细、乳房丰满；有些则是大腿粗、乳房小。但这显示，对于每个处于青少年期的女孩而言，脂肪分布是一个有序可控的过程。

相较之下，男性脂肪储存的地方远比女性适合打猎、采集等跑来跑去的工作——在腹部里、腹部的皮肤下。肥胖的人奔跑时，想让身上的肥肉前进，显然比较辛苦，但至少他的肥肉没挂在四肢末端摇来晃去。想想看，如果要你带着铅制砝码跑500米，你会把砝码绑在小腿上还是腰间？换句话说，对运动而言，肚子发福可能性更大，不过我们之后会看到，这对健康有点害处。男性腹部脂肪的消长也会影响裁缝工作，最近一项英国服饰零售业者委托的研究就解释了这个现象。12岁男孩的长裤扣在合理的地方，也就是腰间。不过，随着流行和青春期后肌肉开始发育，16岁时平均的腰带高度会降到底，几乎露出屁股。接着裤腰开始缓慢升高，在二十多岁经过腰线，57岁时来到一个压在肚子上的顶点。最后，因为男性在这之后通常体重会降低，他们的裤子又会往下滑，回到解剖学上的腰部高度，不过年纪大的男人腰部并不明显，所以裤子可能毫无预警地滑落到脚踝。

体脂肪这种夸张的性别差异完全不会发生在其他动物身上，这不禁让人思索为什么人类会有这种情形。许多哺乳动物的雌性在食物充足时容易储存脂肪，但她们不会在青春期自动累积，脂肪分布的部位和雄性也没有显著的差异。举例来说，并不具有窈窕曲线、像女星简–曼斯菲尔德（Jayne-Mansfield）一般的黑猩猩或大猩猩，有的话才奇怪，因为我们直觉知道，雌性的曲线是人类的专利。已有许多理论解释人类的女性为什么会有那么独特的脂肪储存方式，其中一个理论认为，我们严苛的生殖系统，会产生成长时间重叠的后代，每个后代都努力让自己庞大多脂、亟须能量的头脑长大，这表示女性必须提前储存脂肪，以因应生育的需求。此外，从前觅食工作相对灵活耗力的方面是由男性负责，他们拥有重要的身体质量、高大的身形、更发达的肌肉，突然之间，与男性相比，女性额外的脂肪储存开始显得像珍贵的资源。至于是不是因为男性会选择累积脂肪而有曲线的伴侣，所以强化了这个倾向，我要留到下一本书再讨论……

那么，为什么两性都有那么多人在中年囤积脂肪呢？首先要考虑一般人会怀疑的原因。中年人和青年人比起来，通常拥有体力需求比较低的工作，休闲运动也比较少。他们有比较多的钱买食物和酒。他们也可能比较不在意外表，这或许是因为他们通常有稳定的性关系。我们都知道，在找到真爱之后伴侣会开始发福，分手后的人则会减重，瘦到对别人比较有威胁的体重。

　　但事情不只是懒惰、贪婪和性欲满足这么简单。中年时期，身体组成会发生惊人的变化，其中有个变化是"骨骼肌减少"（sarcopenia）。这名字听起来吓人，其实只是表示肌肉质量减少，而这个改变很难预防。虽然骨骼肌减少的影响在中年最明显，而且的确会在女人四十多岁时发生，但在男人身上可能早在二十几岁时就发生了。我们不大确定为什么会发生骨骼肌减少，不过有可能是因为激素变化，或控制肌肉的神经退化，或是这两个因素的组合。骨骼肌减少显然会影响肌力和爆发力，例如，握力在45—65岁之间会衰退15%。我们先前说过，中年男性在许多人类社群里都是主要提供食物的人，这么一来，他们的肌肉在这个时期开始衰退或许很奇怪，但这可能表示经验和策略比蛮力更重要。

　　中年骨骼肌减少有个重大的后果，那就是骨骼肌减少对代谢的影响很剧烈。肌肉是活跃的组织，会消耗大量的能量，所以肌肉萎缩的时候，身体对热量的需求也会降低。此外，肌肉量减少，对我们代谢脂肪的方式也有一定影响。这些改变造成的最后结果是，我们燃烧能量的速率（也就是"基础代谢率"）在中年时期不断降低，每一年里，我们每天需要摄取的热量都减少10卡。当然，这表示为了维持稳定的体重，我们必须吃少一点，但想吃少一点通常不容易。

这一现象本身就足以解释为什么减重的中年人，会发觉很难不让失去的体重长回来。

更糟的是，中年人不明白自己变胖是因为脂肪取代了正在流失的肌肉。肌肉换脂肪这种"直接交换"的情况，表示虽然他们的体脂率正在迅速攀升，体重增加的速度却不会令人警觉。然而，肌肉换脂肪的确改变了体形。肌肉量减少的主要部位是四肢（大部分的大肌肉分布在这些地方），而脂肪主要堆积的地方是腹部（至少男性是这样），因此形成了典型的"老人"体型——肚子大、四肢瘦长。这一事实告诉我们，如果希望中年能维持苗条身材，不该量体重或计算身体质量指数，而是要量腰围。

女人是否面临同样的难题，还有争议。据说，许多女人觉得她们在生育力变差之后体重增加，有点类似结扎的宠物会变重。即使真是这样也不奇怪，因为我们知道动物的生殖系统会消耗不少的能量，所以不再生育就可能多出许多未被消耗的卡路里。然而，研究显示，很难证明中年女性体重增加是因为更年期，而不是年纪渐增的结果——统计数据显示，这种关联似乎不大明确。借由激素补充疗法逆转一些停经时的激素变化，似乎的确和腹部脂肪增加的幅度减小有关，但其他研究显示，停经和体重增加没有直接的关系。例如，社会经济地位高的女性，常常在更年期之前就达到体重的巅峰。还有，女性在更年期之后通常比较少运动，这可能才是体重增加的原因，而不是其他直接的影响。

不论真相是什么，中年女性身上的脂肪分布的确改变了，堆积的方式变得比较接近男性，集中于腹部——女人通常不喜欢这样。

不幸的是，生过孩子会让这些问题加重，让腰围、臀围和大腿围变大，皮下脂肪普遍增加，尤其脂肪主要集中在腹部。不过我们也看到，对运动而言，那样的脂肪"集中"分布较有效率，因此这个趋势虽然不吸引人，却有优点。

那么，身体为什么没有内建一个抑制食欲、防止中年肥胖的系统呢？其实脑部的确能控制食物摄取，而且非常有效。其实可以说，中年每天一克的错误恰好证实了这样的控制有多准确。瘦素（leptin）是这个控制系统的一个要素，这种激素才刚被发现，就被报道成一个防止肥胖的途径。脂肪细胞会产生瘦素，瘦素在啮齿类动物身上会抑制大脑中促进食欲的那个区域，所以胖小鼠会吃得比较少。相反地，瘦素基因突变、受损的小鼠会变得极度肥胖。乍看之下，瘦素或许是控制人类食物摄取量的理想办法，比方说，瘦素浓度下降，的确会促进人类的食欲。然而很快，从人类身上得到的数据就变得比小鼠的数据还让人不解。当摄取的脂肪量不变时，中年女性制造的瘦素比男性多，然而较多的瘦素并没有让她们少吃一点，或是甩去那些脂肪。此外，肥胖者身上的脂肪组织制造的瘦素量其实超出预期，不过似乎不会减少他们的胃口。

看来我们将两种缺点集于一身了。激素善于在我们瘦的时候让我们多吃一点，但我们胖的时候，它却不会让我们少吃一点。我们的"肥胖状态"只会单向运作。和小鼠不同，瘦素在人类身上似乎无法有效地抑制食欲。瘦素在人体的主要作用或许是维持脂肪储存，让脂肪储存到足够支持女性怀孕和哺乳。过去发生的某些事，让我们的身体不担心变胖这件事。

＊＊＊

　　这一点说来奇怪，因为我们都知道肥胖会造成疾病。最令人担心的是，"中广型"的腹部脂肪分布对我们中年的健康似乎最有害。或许用"肥胖"这个词不对，因为我们常常用它来表示"严重超重"。事实上，中年人的腰围即使只是稍微增加，也和罹患疾病的概率上升有相关。

　　中年肥胖造成最重要也最耐人寻味的疾病是心脏病，死于心脏病的人比任何疾病都要多，其实约有三分之一到二分之一的人死于心脏病。诊断出心脏病比诊断出癌症更糟糕（和一般认知不同，癌症在过去几十年中其实算是能"治疗"的了），而且病程比较长，也更让人虚弱。和本书最有关系的是，心脏病打破了中年人整体而言很健康的定律，美国人心脏病发的案例中，有40％发生在40—65岁的人身上。

　　不过，动脉粥状硬化、冠状动脉阻塞和心脏病，就像中年本身一样，几乎也是人类特有的现象，大部分的哺乳类动物根本不会罹患这些疾病。有些巨猿和鸟类会有这些疾病，但人类罹患心血管疾病的数量仍然远远超过他们。我们知道人类罹患动脉粥状硬化至少有几千年的历史了。像是古埃及的祭司常常把寺庙的丰富贡品带回家，而通过对他们经过防腐处理的尸体的分析证明，他们往往因此年纪轻轻就死于动脉堵塞。另一个常常和肥胖与心脏病扯上关系的疾病——2型糖尿病，也有久远的历史。这种病会使超重的身体不再对胰岛素有反应，促使脂肪囤积在冠状动脉中，对于此，古埃及、希腊和罗马的文献都曾经记载。其实，18世纪初时，和富足有关的疾病只有2型糖尿病和痛风。

肥胖、糖尿病和心脏病的关系非常复杂。肥胖不只会直接使心脏承受的压力增加，还会造成糖尿病、高血压，使得血脂的化学平衡失调，间接损害心脏。发达国家中，血液中的胆固醇和三酸甘油酯在人们20岁到60岁之间增加，而我们的脉搏在50多岁时变得比较不规律，心脏输出的血液量也会减少。罪魁祸首似乎是中年人肚子里的脂肪，这些脂肪可能释放出化学因子，使得其他器官不理会胰岛素的影响。相较之下，皮下脂肪没那么有害，所以抽脂或是腹部整形手术对你的心脏没什么帮助（而且饮食习惯不改变的话，手术取出的脂肪很快就会被补上）。

那么，人类为什么会演化出这个荒谬的系统呢？这个系统对我们的食欲没什么约束力，但是中年即使只是微微发福，却对健康有那么大的危害。

我们只能确定一件事。中年人觅食和取得食物的方式跟以前不同了。农业开始之前，我们的食物供给虽然充足，却没什么动机去耗费力气取得超过需求的食物；那时候的我们吃得不多，所以不会变胖。因此，以前没有肥胖这种事，用不着发展出预防肥胖的激素系统。之后，随着农业出现，人类大部分的食物变得需要辛苦取得，而且基本上是素食。饥荒变成常有的事，作物是季节性的，所以饥饿也是季节性的，而庞大的人类聚落中的社会不平等，更让这一情况雪上加霜。所以过去几千年里，没有防止肥胖的演化动力，却有强烈的演化动力让人在富足时储存脂肪。

　　有些人类学家认为，人类生理机能适应饥荒的特质可能始于更早的年代。在几十万，甚至几百万年前，当时的气候变迁使得食物稀少且来源不稳定。甚至有人认为，人类这个物种的生理就是"饥荒种族"的生理——发育缓慢、长寿、为了因应逆境而发展出发达的大脑；生育力降低，只有在雌性胖到一定程度才会提高生育力。总而言之，我们继承的代谢机制都是以保留体重为目的，而不是甩掉体重的。

　　这个理论甚至有个名字——"节约基因型"（thrifty genotype）。这一理论的概念是，任何经历过食物来源不稳定的物种，都会因应食物短缺而演化，在食物短缺时停止生殖活动，把资源用于维持生存。若给我们食物，我们会储藏起来，而不是用掉。这种天性节约的遗传变异也能解释，为什么有些人类的亚属比较容易肥胖，例如移民到夏威夷的萨摩亚人（Samoan），或是美国各地不同种族的高加索人之间的差异（举例来说，肥胖比较常见于西班牙裔女性，较少见于非西班牙裔女性）。也许有些人从前被迫比别人更节约。（也有人认为，非裔美国人罹患心血管疾病的比例高，是因为越洋运送奴隶时，对不会死于饥饿或缺盐的强度选择造成的。）或许节约甚至能解释为什么人类会罹患动脉粥状硬化，也许以古代的饮食来看，可以从食物中吸收、利用最后一点卡路里和脂肪是一种优势。

　　演化的观点或许也能帮我们回答另一个人类生命的重要问题：男人的寿命为什么不如女人长。这种差异部分是因为男性的体脂肪虽然通常比较低，却远比女性容易罹患心血管疾病。之所以如此的原因之一是，我们认为雌激素在女性身上有种"保护心脏"的功能，尤其是在更年期之前，而男性血液中的雌激素很少。然而，这个发现并没有提出预防男性心脏病的实际办法，因为我们无法接受雌激素在男性体内会产生毒性与女性化的副作用。月经周期本身可能也能预防心脏病，因为月经周期中的某些特定时候，以及怀孕的时候，心脏搏动速度会加快最多五分之一。因此，女性的心脏每隔几周或几年就会得到"锻炼"，长期下来，这样的额外运动有可能会使心脏更健康。

然而，辨识出男性心脏病比例较高的直接原因，并不能解释为什么会演化出这种不平衡的状况。一般人或许觉得自然选择会让男性和女性活得一样长。几乎所有哺乳动物两性的寿命确实差不多，人类的男性似乎成了例外（不过有些鲸鱼也有两性寿命长短不一致的情形，而且我们之后也会提到，这不是我们和鲸鱼唯一共同的特征）。事实一再证明，男人似乎注定比女人死得早，不论是死于心脏病、意外，还是酒精、药物。他们甚至容易忽略自己的健康——中年男性一直觉得自己比女性健康，虽然他们实际的健康状况可能比较糟糕。而我们这些想法错误的健康乐观主义者，不愿意寻求医疗协助的情况也是众所周知的。

让人意外的是，有个演化理论可以解释为什么男人比较早死——他们为什么会被心脏病击倒——而理由就是我们的宿敌：拮抗多效性（antagonistic pleiotropy）。这一理论的预测是，青年时期可以促进生育的基因会繁衍兴旺，虽然这些基因会在后来减短人类的寿命。对人类男性而言，吸引女性以及男性之间的竞争都是既耗精力又累人的过程，因此出现了一群基因来帮助年轻人竞争、繁殖，这些基因在之后的岁月却会对他们不利。产生睾酮的基因正是这样一个例子。睾酮会促进男性年轻时的竞争行为和性活动，到了年老却会造成前列腺癌和其他癌症，而且不像雌激素有保护心脏的作用。所以简而言之，男性会早死，是因为他们投入太多精力在好色又暴躁的年轻岁月。史前的遗传历史影响现代人类生活的重要面向，大概没有比这更清楚的例子了。难怪男性的心脏病有时被称为"原始人诊断"（Flintstone diagnosis）。

我们终于来到这本书的三分之一。中年已经有了它的发展脉络。中年不再只是人类恼人的老生常谈，而是成为人类生命蓝图的独特特征，是经过数百万年自然选择的结果，这样的形态有时或许显得怪异，但我们现在至少能解释了。

不过，我该怎么对中年经常遇到的肥胖抱持正面态度呢？这么说吧，现在我们知道，就连中年的肥胖也是"自然选择带给我们的"，就像脂肪堆积的其他四个阶段一样。由于人类历史上许多时期的生活困难，不再生育的中年人类需要惊人的节约能力。我们的代谢效率极高，我们不该只担心这样的代谢会让我们在吃太多时快速增重，也该惊叹这个伟大的奇迹。肥胖是个问题，但谁都知道，饮食减量、改变饮食，就能控制肥胖问题。而事实仍然不可动摇——我们储存、运用脂肪的能力驱动了大部分的人类演化——所有的婴儿、头脑和狂热的活动。

而且，中年人是其中最节约的一员。他们体重增加，是因为利用能量太有效率。随着生殖行为减少，人类会自我调整，减少能量的消耗。我们不确定这是为了有利于自己的生存，还是为了把珍贵的食物让给后代，不过这的确是中年人食物需求减少的原因。中年的脂质代谢是人类存活的终极手段，只是很可惜，这一手段无法处理我们现代食物过剩的情形——"易致肥胖"的环境。过去脂肪保护了我们那么长时间，现在我们实在无法接受脂肪恐怕会害死我们这一事实。

这么多年了，依旧疯狂

中年头脑的胜利

STILL CRAZY AFTER ALL THESE YEARS

The triumph of the middle-aged mind

他惊讶的是，人们似乎耗尽了自己的存在，耗尽了他们之所以成为自己的实质，让自己枯竭，变成他们从前觉得可悲的那种人。

——美国作家菲利普·罗斯（Philip Roth），
《美国牧歌》（*American Pastoral*），1997年

巅峰已过，还是人生的全盛期？

Over the hill or prime of life?

中年人担心自己的大脑。他们听说住在发达国家的现代人，在过世时有三分之一会罹患阿尔茨海默症，他们紧张兮兮地等着阿尔茨海默症的迹象出现。他们看着自己的身体改变，也感觉到了（在他们看来，是在衰退），他们担心大脑也会发生同样的事。他们相信自己的大脑在几年里就会变成唯一"有价值的资产"，一想到大脑也将退化，就觉得惊恐。然而，或许他们不该那么担心未来，而是该多花点时间享受现在。中年人的大脑的确在改变，不过未必是每况愈下。其实中年人大脑的进化过程很成功。

大脑当然重要，毕竟它是人类成功的关键，所以独占了这本书内容的三分之一。不过，人类有件事很特别——生来对任何事都没那么在行。人类不强壮、不敏捷，也不坚韧，生下来时也没有狩猎、采集、说话或做事的本能。他们和大部分的动物不一样，出生在这个世界上时，预先的设定非常少，身上的"软件"很少。不过人类拥有神奇的"硬件"可以弥补这个缺点。人类的大脑，比类似我们这种体型的其他动物生存所需要的大脑活动多多了，即使是灵长类动物，它们的大脑容量也没这么大。看起来只要给予足够的时间，人类大脑几乎什么都学得会。人类大脑的学习一部分是靠练习，另一部分是靠其他更有经验的人类教导。不过我们可能要花几十年才能学会做一些事情——我们已经知道，学习打猎需要超过25年的时间——能学会很多事，但只能缓慢学习的这种能力，或许是人类活这么长的一个原因。虽然需要花这么多时间学习，但人类大脑的可塑性、容量和求知欲，让我们从一个适应不良的虚弱物种，变成地球上最强的生物。

　　拥有像我们这样的大脑，需要许多资源。跟其他同等大小的器官相比，大脑需要大量的能量，而且人类的脑部也格外的重。我们之后会看到，人类生命蓝图有个独有的特征，我们进入中年时，这个巨大而需求庞大的器官仍然运作得很好。虽然人类身体生育力下降且出现耗损的情形，但是大脑仍然继续消耗能量，维持完整的功能。换句话说，中年不常发生大脑剧烈退化的情形。人类为何长期维持出色的脑部功能，这点值得我们花点时间解释。

　　当然，中年人的大脑的确发生了一些改变，我个人清楚得很。我的正职职务内容包括替18到21岁的剑桥大学兽医系学生授课，通常是内容扎实而有互动的小组课程。许多学生比我聪明，而且他们的反应都比我快，但我通常可以领先他们一两步，并且我知道有些65岁的人跟我一样。我们这些老家伙知道的当然比学生多，不过如果我们的思考能力开始退化，那么就算知道的多还是不够多。对我来说，我们可以领先，似乎不是得益于想得比较周全、比较努力，当然也不是得益于想得比较快，而是得益于思考的方式与年轻学生不同。我日复一日地认识到，我大脑的思考方式跟20年前不一样。这可能是为了弥补那些失去的功能，也可能只是进步了（我们之后会探讨），不过我相信，所有人的思考方式在中年都有类似的改变。这是因为，那些改变是不断前进的"生命时钟"部分加诸在我们身上，而生命时钟在40—60岁间仍然不断嘀嗒往前走。

所以，到了中年，是已经过了我们的巅峰，还是正在人生的巅峰？我们的头脑正在发育，或是正在衰退？为什么有些人的头脑逐渐变得远远比其他人好，造成老年那么多不公平的情况？我们之后会看到，人脑正是中年太有趣的一个绝佳例子——人脑代表了人类千年来面临的所有代价、平衡和妥协。我们努力保持思考的能力，但想达成这个目标，就得完全改变我们的思考方式。此外，中年的头脑有趣，也是因为它很微妙低调。我们在中年时不会明显变聪明或变笨，而是会为了达到同样的智能目标而去改变心智方法。我觉得，中年的认知行为直到最近才有较多人研究，就是因为它的微妙难察。与儿童、青少年和老年脑部激烈的变化比起来，乍看之下，中年是一个不活跃的静止阶段。但我们接着就会发现，事情并不是这样的。

我们先从感官来看。进入中年大脑的所有信息都来自感官，这是把信息输入大脑的唯一方式。感官是切入的好地方，因为感官本身比大脑的其他方面容易研究——只要让人暴露在刺激之中，问他们感觉到了什么，或是观察他们怎么反应就好。除此之外，整个人类大脑的成像图直接反映了它接收到的感官信息。物理学的定理显示，动物得到信息的来源少得惊人，只有光线、化学物质和动作（包括声音、振动）。在进化的过程中，人类其实似乎少了一些感官，如鸭嘴兽会用电觉（electroreception）觅食，鸽子利用磁场感应找到回家的路，而这些能力在人类身上并不发达，或是完全缺失。所以，人类的大脑只建构在几种关键感官上，不幸的是，证据显示，中年时这少数几种感官输入会比年轻时弱。

　　人类是现存的哺乳类动物中视力最强的，这是因为古代人类主要在白天活动，需要观察水果、猎取猎物，所以我们最容易注意到的是视觉衰退。我最早是在40岁时注意到自己看不清楚近的东西。某天，我费力地在计算机后面东看西看，想插上一个接头的时候，突然意识到这件事。突然出现的远视眼根本不像是缓慢的衰退过程，反而像"必然"发生的事，不知怎么的，这注定或设定在短暂的时间内发生。这叫"老花眼"，而这种现象的确包含了所有"控制下的发育过程"都具备的特征：在35岁时很少见，但50岁时很常见。这种状况来得如此突然，是使我动笔写这本书的刺激源之一。

　　我们眼睛的协调力（也就是，改变眼睛的焦距，好看见近处和远处的物体）在8岁时到达巅峰。我的8岁女儿常常热切地把图画塞到我面前，然后困惑地看着我为了看出她画的是什么，而把画推到一只手臂远的距离。眼球中央飘着"水晶体"，我们会借由改变"水晶体"的形状来发挥"调视作用"（accommodation）。不过，"水晶体"

是由透明活细胞构成的复杂球状，会随着时间逐渐改变。"水晶体"和人工的透镜不一样，"水晶体"折射光线的程度会随着它的厚度而改变。"水晶体"中央的光线偏折得最厉害，中年时，这里的水晶状蛋白会退化，凝结在一起，失去弹性。不论之前的视力是好是坏，都会发生这些改变。高温会加速这种蛋白退化的程度，热带国家的人老花眼发生得比较早，或许就是这个原因导致的。"水晶体"的核心不再柔软，不能像以前一样轻易变形，这种僵硬的现象会逐渐向外扩散，影响"水晶体"的外围。加上把"水晶体"悬吊在眼睛里的纤维（称为"睫状小带"）的排列改变，使得大家得把要读的东西愈拿愈远，当远到超过手臂的长度时，就需要戴老花眼镜了。

听力的表现也没好多少，虽然65岁的时候，只有35%的人明显出现听力衰退，但我们从小时候开始，就在慢慢失去听见高频声音的能力。因此严格来说，这种"老年性听损"（presbycusis）并不单单是中年人的特性，尽管在中年，耳朵的许多方面确实都发生了一些变化。最重要的改变或许是，内耳中对声音敏感的绒毛细胞（或是耳蜗）会衰退，而且鼓膜和耳蜗神经会退化，大脑中处理声音的区域也一样。虽然中年人的听力难免退化一点，但有些办法可以减少退化，例如小心控制糖尿病、高血压和动脉粥状硬化，并且避免噪声，所以爸妈批评青少年去夜店和使用耳机，或许的确有道理。还有，人们已知吸烟会减少流到耳部的血量，造成其他对听力有不良影响的疾病，因此会损害中年人的听力。此外，虽然目前还不大清楚原因，但社会经济地位低的人，即使不考虑工作中的噪声等因素，听力也仍然较容易受损。

我不确定是否真的有"老年性嗅觉失灵"（presbyosmia）这种说法，不过在中年失去嗅觉却是确实存在的现象，尽管人对嗅觉的感知程度不如其他感官——人类负责嗅觉的脑部区域比狗、鲤鱼的小，甚至比恐龙的小。嗅觉能力很难量化，但即使50岁之前还正常，50岁以后几乎也确定会衰退。举例来说，研究显示，与较年轻的成年人比起来，中年人的大脑对嗅觉刺激的反应比较差。我们虽然不常想到气味，但嗅觉在生活的许多方面都极度重要，嗅觉能力衰退可能造成忧郁、失去性欲、厌食症和不小心吃下腐坏的食物。还有，我们的舌头尝出化学物质的能力也会退化［这叫"老年性味觉丧失"（presbygeusia）？］女性的味蕾从40多岁时开始减少，男性的退化则不知为什么延后10年才开始。

乍看之下，这种感官能力退化的情形似乎令人忧心。人们很容易觉得，送进脑部的少数信息来源退化，可能严重影响脑功能，甚至影响脑部继续运作的意愿。我确实看得出老年人可能会这样，但对中年人来说，除了轻微的不方便，真的有很多人会因为感官退化而困扰吗？波尔多红酒和巴哈拉赫葡萄酒在40年的岁月之后仍然会绽放醇香、美丽如昔吧？

我认为有三个原因可以解释，为什么自然选择让我们的感官在中年退化，以及为什么我们通常不会注意到这些退化。首先，我们的大脑不会乖乖检查每一批输入的信息。感官信息数目惊人（背景中的嘶嘶声、摩擦过的草叶、自己身体的气味等），根本还没进入意识中，就被视为无关紧要而遭到淘汰了。之后进入意识中的信息，其实很少告诉我们跟外界有关的有用讯息，所以大部分就都被大脑遗忘了。我们的大脑是个成功的信息筛子，因此失去部分的感官其实不会造成太大的问题。其次，我们不会注意到中年感官丧失的原因是，我们的感官其实过度精细。我们的鼻子可以分辨出只有一个原子差异的不同化学物质；我们的眼睛能侦测出数量不到10个的光子闪过；我们的耳朵可以感应到比原子半径还小的震动。听起来很神奇，但是到40岁的时候，真的还需要这样吗？最后，其实这又牵涉中年感官会退化的一个原因——我们偶尔的确需要那么惊人的精准度，但我们是群居生活，因此附近会有年轻人能提供这种能力。狩猎采集者常常组成有各种年龄层的团体，何况年轻人虽然常常最先听见猎物的脚步声，但这并不影响中年人协调实际狩猎行动的能力。同样的道理，为了让狩猎采集者不用开口问女儿水果上有没有淡淡的褪色，而维持人类感官的惊人敏感度，真的有必要吗？让年轻人来当我们的眼睛和耳朵吧！中年人仍然是群体中的首脑。

研究中年人脑部本身发生的改变，当然更有挑战。大脑有许多不同的思考方式，若要以客观的角度来评估，需要心理学家多年来发明的一连串认知测验。另外，科学家喜欢争论，这些测验是否对某些人有偏见，是否真的测得出它们名义上能测出的事，我们是否真的在测试自己真正要知道的事。不过，至少可以确定一件事：人类的思考能力无法靠单一测试去了解，所以了解中年人认知的合理办法是，把中年人的认知划分成连贯的组成部分。

测试认知的不同方面后，得到了不同的结果。有些试验显示，认知的巅峰在20岁左右，之后就逐渐衰退。不过这些试验主要针对的是思考速度——迅速辨认物体的能力、迅速做出判断的能力，以及在严格的时间限制下完成一些事情的能力。较年轻的成年人应对时间压力的方法是，迅速思考并得到答案，而中年人比较难做到这一点。

不过，某些讲究速度的认知能力明显下降这点，却和我们所知的中年人对人类生活的诸多贡献互相冲突。我们之前说过，他们不只是一成不变的文化信息宝库，也会格外活跃并有效地贡献资源给所属的社会群体。远古时期他们在大草原上狩猎和采集的效率，大概胜过年轻的同伴；到了近现代，他们则更懂得在城市中赚钱，有更强的政治势力。但是我们却发现他们思考得比较慢，这两种情况怎么说得通？

绝对的速度未必是认知能力的重要部分，其实只要能认同这个论点，那么这些矛盾的发现就说得通了。这是心理学家争论已久的问题，但许多人现在认为，速度常常不是关键。我们也看到了，许多现代的"狩猎采集社群"可以运用的时间很多，他们非常喜欢长时间的思考、背诵和辩论。"狩猎的最后时刻"的确需要一点迅速的思考，不过我想，在那种情况下，30年的经验可能比迅速思考的大脑更有用。

这么一来，中年人在各类认知测试（包括语言能力、空间知觉、数学能力、推理能力和计划能力）中都有更为优异的表现，或许就不意外了。如果将测验的表现和成年人的年龄画成关系图，那么许多关系图能画成一座低圆的小山丘——从20多岁时开始增加，在中年达到平坦宽广的顶峰，之后开始下滑，最初缓慢然后逐渐加速。

其中当然有些变异，数学能力比较早（大约在40岁）到达巅峰，而语言测验的高峰常常到达得比较晚，大约在60岁。神奇的是，统计显示，许多能力直到65岁后才有显著的下降。

认知能力呈现低圆的小山丘状，是个重要的发现。我确信很多人在中年时会担心自己的认知能力，而他们可能会由三种不同的角度来看上述的结果。

第一个角度，我称之为"巅峰喜悦"，我正是属于这种。虽然这和一般的看法矛盾，但或许我们该庆幸，中年人许多方面都处在智能的巅峰，而且这段时间很一致地分布在40—60岁。这完全不是"过了巅峰"，而是在阳光下、在宽阔的山顶上奢侈地享受。有些先前针对中年人认知的研究，把焦点放在中年人有时以出人意料的方式解决问题的相关报告（而且时常没有确实根据）上，这些解决办法被研究人员视为中年人试图避开认知退化的情急之举，而实际上认知退化应该已经发生了。然而，我们有了比较新的研究结果，这些结果很明确：比起其他人群，中年人常常想得"更周到"。换句话说，忘了你的鱼尾纹，享受一下这个事实：中年人的大脑是目前已知的宇宙里最强大、最有可塑性的思考机器。

理解中年认知的第二个角度，我称之为"危机临头"。站在山顶的时候，毕竟只能走下坡路了。人类非常善于思考未来的事，我们或许是唯一完全了解老化和死亡有什么意义的生物，即使在中年人认知胜利的时刻，我们也会想到即将面临的下坡。而且，中年人处在一个巧妙的位置，能够感知最初的、零碎的、通常微不足道的早期智力衰退的迹象。例如，因为他们老是在媒体上听到失智的事，或是太用心照顾年迈的父母，所以对记忆这回事变得大惊小怪，其实短期记忆至少要到50岁才会开始衰退。长期记忆似乎会更牢固，往往能在中年后毫发无损地保存下来，而任何时候发生的"年老时刻"通常都是偶然的暂时性失忆，而不是记忆的永久性丧失。勤快的中年大脑有各种应接不暇的责任，所以才会比较注意这种事。因此，虽然大家都担心记忆会衰退，但是记忆是大脑非常稳定的一个元素，如果中年人注定在代际间扮演传递人类文化的角色，那么这样当然说得通了。

理解认知能力呈现小山丘状的第三个可能角度，或许可以被称为"虚假的平坦区域"假设。中年时，我们的认知能力的净总和逐渐增加，达到几乎无法察觉的最大值，然后以同样缓慢的速度下滑。不会有更戏剧性的事情发生，在日复一日、年复一年的时间尺度上，这很像进入停滞状态。就像我之前说的，中年认知能力的总和相对而言几乎不变，使得这一段人生对研究者而言毫无吸引力。然而，正如我们接下来将会看到的，认知能力总和虽然没什么改变，但是并不代表思考方式不会变。

过去10年左右，有项科技进展完全改变了我们研究中年大脑的方式，就是核磁共振成像（Magnetic Resonance Imaging, MRI）。MRI背后的原理太不可思议，谁也想不到这样可以行得通。核磁共振仪有个巨大的磁铁，磁力强到可以让你大脑里的所有质子（主要是氢的质子）旋转、排列，还有个无线电发射器会破坏这些质子的排列。（我做过MRI扫描，结果很失望，我完全感觉不到身体里有任何质子）

然后你大脑里的质子会在磁铁的影响下瞬间恢复原来的排列，并在过程中发出自己的无线电信号，机器感应到之后，会把这些信号转换成立体的脑内影像。相信我，这样真的可行。

我们现在可以借着 MRI，研究活人未受损的脑部结构和活动，要追踪人类大脑一生中的变化，这当然是个强而有力的方式。可惜 MRI 并不能长久地扫描一个人从 30 岁到 70 岁的变化过程，因此，我们通过比较不同年龄段人群的扫描数据来获得中年影像数据。这种方式的效果不如追踪个人在不同年龄的表现，但我们还得再等几十年才会获得那些数据。

虽然有这些限制，但研究已经能确定中年人的脑内发生了不少结构的变化。首先来看灰质，它是一层紧密纠缠的神经细胞体和互相联结的短小纤维，大多位于两个巨大的脑半球皱褶的表面层。20—80 岁，灰质的体积似乎会持续减少四分之一。听起来好像很多，但我们应当小心解读这项发现。第一，中年时期灰质体积减小的速度没有加快，也没有变慢，所以这其实是成年之后普遍的现象，而不是中年特有的现象。第二，减少四分之一的灰质听起来像是严重损失，其实不然，尤其灰质体积减小未必是坏事。举例来说，青春期时大脑明显地能适应大部分的认知工作，这时灰质体积会急剧下降，而成年人的灰质体积下降恐怕不过是下降进程的延续。其实，有效率地截除神经细胞之间不需要或没用的联结，就常常会使灰质体积减小。

跟中年时期发生改变的其他诸多要素一样，灰质的损耗看来比较像有组织、有结构的过程，而不是偶然的衰退。举例来说，灰质丧失会在不同时间发生在不同区域，但所有人的模式似乎是一致的。此外，一些研究表明，脑部前额叶负责我们认为的层次更高的执行功能——计划、抽象、复杂的智力工作——这部分相对比较早失去灰质。

可能与大脑结构的这些变化有关，我们现在也发现了大脑功能的改变，利用新的成像技术，我们可以记录健康大脑不同区域的活动。在这些研究中，受试者经常被要求尝试一系列的记忆、识别、命名、选择认知测验，我们认为这些测验能评估小小的心智组件，而人类的知觉能力和智能正是由这些组件组合而成的。无疑地，这些测验已经表明，特定的工作是在大脑皮层的特定区域进行的，但它们也表明了，随着年龄的增大，我们使用的大脑区域也会发生变化。例如，前额叶皮层内的表现不一：比较靠后的区域［背外侧前额叶皮层（dorsolateral prefrontal cortex）］相对之下不受影响，而靠前方的区域［眼眶额叶皮层（orbitofrontal cortex）］会更快地缩小，也更频繁地遭受阿尔茨海默症蛋白堆积的折磨。确实，有些研究表明，执行某些心理测验的功能，不需要眼眶额叶皮层的活动比进行背外侧测试时更活跃。所以，虽然灰质减少是一种正常的、成年人群中常见的现象，但有迹象表明，这种现象有时会和认知能力退化有关。不过，目前我们还不知道健康的中年时期是否存在这种情况。

在皱褶的灰质层下面是一个由交织在一起的神经纤维束组成的厚区域，这些纤维束在被广泛分离的灰质区域内联结神经细胞。这个更深层次的区域被称为"白质"，在中年人大脑的成像研究中得到了相当多的关注。大脑白质的联结很重要，因为灰质神经细胞的作用要取决于它和其他细胞的联结，就像独立的晶体管不能靠自己发挥什么作用。大脑这么神奇，不是因为有许多神经细胞，而是因为这些神经细胞是如何联结在一起的。

大脑中白质的总量似乎在中年时期达到峰值，而且很可能在60岁以后才会显著下降。这当然符合许多认知能力在中年时期表现最佳的证据。不过，这种模式也不单纯，因为在不同的脑部区域，白质的增减状况并不一致。例如，有些脑部区域的白质在整个中年时期稳步下降，和整体的趋势恰恰相反。另外，有些近期的研究主张，应测量大脑白质的组织和完整性，而不只是粗略体积。这表明，有些脑部区域的白质结构在中年早期（甚至更早）可能是最理想的。而脑部不同区域的白质完整性有差异，或许可以解释为什么早在其他能力退化之前，中年人就失去了快速思考或快速切换心智活动的能力。

针对大脑内部特定路径的研究，也让我们能深入了解中年人的内心可能发生的事情。值得注意的是，随着我们年龄的增长，对化学多巴胺（多巴胺受体）产生反应的脑蛋白质数量会减少，而不同类型的多巴胺受体的比例也会改变，这或许是因为多巴胺本身数量的减少。这个变化可能极为重要，因为脑部深层结构的多巴胺分泌到前额叶皮层，一向被认为是促进认知速度、短期记忆、多任务、在记忆中保存有用信息的关键。事实上，多巴胺到达大脑皮层的数量的增加，被认为促进了青少年心智能力的旺盛发展。虽然反过来说，在中年，多巴胺的下降似乎并没有导致任何严重的认知能力衰退，但完全有可能的是，人类大脑仍然必须适应这种情况。

　　成像研究给我们提供了最清晰的证据，证明大脑在中年时期正在适应改变思维方式。虽然我们可以比较中年人和年轻人在认知测试中的表现，但只有仔细观察实际运转的大脑内部，才能发现这两个不同的年龄群体可能使用完全不同的大脑运作程序来执行这些任务。心智的目标相同，但大脑运行的方式不一样。

　　例如，在许多心理测验中，中年人前额叶皮层的活动比年轻人频繁。有些人声称，这是慌张的大脑拼命地补偿自身衰退的能力，但我认为这只是大脑处理任务时运行回路的一项简单的转变——因为大脑变得更成熟，它有时表现得比从前更好。除了更加活跃外，中年人的皮层似乎不太倾向于让某个脑半球集中处理某项任务。年轻人执行认知、回忆或排序的任务时，优先使用右脑或左脑的情况很明显，但中年人没那么明显。更深入地研究大脑皮层的细节后，现在我们依靠大脑皮层成像技术能更深入地了解到在人类变老的过程中，大脑皮层子区域是如何变化的。

　　因此，脑成像技术证实了认知测试研究者长久以来的怀疑——中年人的大脑处理事情的方式和年轻人的大脑有本质上的差异，而且常常因此表现得比较好。我得承认，在我们所居住的复杂世界中，我们必须非常谨慎地把基本大脑活动和认知表现联结在一起，而且MRI屏幕上的成像和周围人的行为表现的确惊人地吻合了。

　　所以，中年人的大脑的确是一颗胜利的果实。虽然进入大脑的感官信息变得参差不齐，而且内部的运作速度不如从前，但这似乎不是什么大问题。简单地说，中年大脑处于认知能力的巅峰，而无论你用"巅峰喜悦""危机临头"，还是"虚假的平坦期"之中哪个观点来看待这样的成就，都取决于你是乐观主义者还是悲观主义者。但有一点是清楚的：遗传发展的"生命时钟"在中年大脑中仍嘀嘀嗒嗒地走动，它驱使我们的思考过程彻底重组，鼓励我们的大脑发展出五六十岁时仍然适用的新方式。在接下来的几章中，我们将看到这对我们每个人意味着什么。

中年是认知表现卓越的时期，说来有道理。大脑让中年成为人类生产力最旺盛的时期，同时也是我们最能把文化传承给别人的时期。想想我们的古代祖先曾经做过的一切高效的狩猎、采集和文化传播，并把它们和中年人对现代经济与政治世界的把控做比较。时代可能不同，但优势仍然相同，这主要取决于中年人的大脑。

为什么年纪越大，时间过得越快?

Why does time speed up as you get older?

我从40岁开始写这本书，接着，天啊，时间一天天飞也似的过去了!

中年人经常思考的一件事就是时间。当然，孩子们对抽象的时间概念很有兴趣，喜欢讨论日子、星期、季节是如何慢吞吞地流逝的。年轻人继续在有限的一天时间里应付、协调他们得做的所有事情。然而，中年时，我们和时间的关系呈现出一种新的味道，一种新的紧迫感，当我们退后一步，看着宝贵的时间是多么容易流逝的时候，我们开始以一种接近直觉的方式怀疑自己到底还剩下多少时间。虽然大部分的人还可以好好活上几十年，但这并不意味着我们可以忘记时间，反而更可能让时间显得更珍贵。中年人注定不会很快死去，但对于未来的不可预测性，我们有着比年轻时更深刻的体会。

随着年纪渐增，时间似乎过得更快，像在嘲弄我们似的。时间这种主观流逝的特性，让中年的情况糟糕许多。几周过去了，几乎没有人注意到；数年过去了，时间流逝的速度无情地增加了。我写下这段文字的时候，真的是五月吗？感觉圣诞节不过是上星期的事。还有，为什么我的小女儿在每一个秋天到来的时候都会感到惊讶，好像她几乎不记得上一个秋天了，上一个秋天已经埋没在她的记忆里了？在我70多年的人生历程里，我真的也不假思索地虚度光阴了吗？

时间加速的现象似乎非常普遍，世界各地的人都悲叹时间的流逝，甚至在古代文献中也提到过。当我问我的大学学生时，他们一致同意，时间不像小时候那样慢悠悠地过去了，不过，18—20岁的年轻人很少觉得自己的时间不够用。相较之下，步入五六十岁之后，时间逐年缩短的感觉开始令人不安，甚至觉得不公平和恐惧。那么为什么我们年纪越大，时间过得越快呢？

回答这个问题之前，我恐怕应该先承认，谁也不确切地知道为什么时间会愈走愈快。对主观时间的研究老是过时地绕到哲学、历史和科学上面，感觉像是道听途说的、难以捉摸的，并可能是很棘手的。但是，有些思想家想过这个问题，偶尔也投注了实验性的敏锐观点，我想向你们介绍六种解释这种现象的理论。

理论一：加速的是这个世界，不是你（世界加速了，而不是你）

有人认为，随着年龄的增长，时间的加速是外部世界和文化事件以一种更快的速度发生的结果。

我们习惯认为，12000年前的生活规律固定（正不正确是另一回事），农业发展前的每一个世代都承袭前一代，并继续用同样的方式生活下去。或许从前人类的生活方式只会随着环境失衡或变动而缓慢改变，活不到100年的人其实无法察觉那样的改变。之后，随着农业出现，人类生活改变的速度变快了，短短几千年之内出现了部落、财产、文字和帝国。从此，文化和科技的创新逐渐加速累积，造就了今日的我们——姑且称之为进步吧。而这个过程的确加速了，过去10年内，科学以前所未有的速度发展，我们借着科技达成一些从前会被当作心电感应的通信方式。世界文学艺术变化如此之快，以至于很少有足够的时间让一个可欣赏的作品被分配到任何一种"主义"中，而这些"主义"正是早期创作艺术的源头。

的确，人类生活改变的速度呈指数增加，不过，中年人和今日文化之间日益增大的断层，真的足以解释主观的时间加速吗？我觉得未必。首先，没什么证据能证明随着人类文化加速改变，这种现象变得更明显——古希腊人对这种现象的感觉和我们一样强烈，不过当然，会写这类东西的古希腊人可能比大部分的人对加速的"智能进步"更敏感。话说回来，我的学生的年龄完全能跟上当代文化和科技的发展步伐，而他们也体验到了主观时间加速的情形，因此在我看来，这背后的因素和文化无关。文化的改变也许使得时间加速对中年人的主观冲击稍稍恶化，但不大可能是主要的成因。

理论二：这完全关系到我们感知到有多少时间过去了

至少在19世纪末之后，思想家就试图计算时间随年龄而加快的实际速度。

有个论点是，对个人来说，我们感知到时间流逝的速度，和我们开始长期记忆的时间相关——也就是大约三岁开始。换句话说，累积的记忆愈多，时间飞逝得愈快。这不大算是时间加快的原因，倒比较像观察的心得。这种想法看似不错，却有个问题。首先，这表示我们的第一项记忆形成的那一刻，时间流逝的速度应该极其慢（因为没有记忆，所以时间无法流逝），我可不确定所有三岁小孩在时间冻结的一刻都有过永恒神秘的体会。其次，我确信早在留存到成年期的第一个儿时记忆之前，儿童们就拥有过许多其他的记忆，只是那些记忆没留存下来。在这种计算方式中，那些记忆算数吗？

从这个理论加以延伸，可以说我们感觉到的时间流逝速度，会和幼年之后流逝的主观时间总和（而不是实际的时间总和）成比例。我得承认这种想法容易令人困惑，看到这里，或许可以停下来想想：这意味着，“童年时代”一年的流逝会比“成年时代”一年的流逝，对随后的时间流逝产生更大的加速作用，因为“童年时代”似乎持续得更长。这种理论也许显得错综复杂又混乱（主观时间的速度取决的是先前主观时间的总和），不过，数学家有办法处理这种事，而且有个公式可以计算任何实际年龄的主观时间速度。

但是，我们可以由一个理论推导出数学公式，不表示这个理论正确。这个数学公式并没有告诉我们，为什么时间流逝的快慢感觉会和我们累积的经验有关——不论是客观、主观还是其他情况。它顶多是试图描述一个现象，而不是加以解释，而且似乎也没有描述得很好。有些研究用问卷调查过去的事感觉是很久以前发生的事，研究的结果虽然很符合这项理论，但是另外有些研究针对的是过去的时间间隔给人的感受，那类研究就不那么符合这项理论了。

理论三：我们扭曲时间，以免担心个不停

这项理论说明的是我们如何操纵自己对时间的感知，以此来改善心理健康，或是反过来屈服于死亡逼近的焦虑。

人到中年时，常常觉得我们来到人生的十字路口，这个人生阶段的特征之一就是，它真的是中间点。我们40岁了，发现自己的人生大概过了一半（或是三分之一，这是我在40岁生日时过度乐观的声明）。不论我对中年的态度多么正向，我都不能忽略，40岁以上的人终究比他们出生时更接近死亡。难道因为这样突然意识到"剩下的时间"，时间就显得更宝贵了吗？我们明白这件事之后惊慌的反应，是更关注、更恐惧地看着宝贵的时间一年年过去，所以才产生主观速度吗？

其实，研究已经证实可以测量人对死亡的感觉。有个热门的办法，是让志愿者看一条直线，告诉他们，线的左手边代表他们出生的时间，右手边代表他们死亡的时间。接着要他们在线上标示出，认为自己目前所处的位置。如果预期的右手"死亡点"使用人寿保险公司所使用的信息来计算，就会得到一些有趣的结果。例如，女性做这个测试的准确程度比男性高，男性通常觉得自己离死亡比实际更遥远。此外，两性的年纪变大时，会开始认为我们和死亡的距离比实际遥远。其他研究甚至显示，人会主动调整自己对生命的认知，以免过度担心死亡。我们似乎把负面的记忆推向遥远的过去，预期中的负面事件则推向比实际发生时间更遥远的未来。

那么，积极管理我们人生中的感知时间框架能解释为什么时间会加速吗？这项理论有个大问题：它并不符合人们表达的感觉。有些人比一般人更担心死亡，但他们对死亡的焦虑和感知时间加速的程度，似乎并不相关。

人们害怕死亡；时间会加速。但这两个过程似乎互相独立。死亡焦虑可能让时间加速变得更可怕，但它并没有导致时间加速。

理论四：我们的记忆扭曲了，因此扭曲了时间

我们都知道记忆会骗人；如果记忆是我们感应时间的重要依据，那么这是否能解释为什么时间也会骗人呢？

我们大多对最近的事件记得比较清楚，久远一点的事则记得没那么清楚。我们天生对刚刚发生的事件记得比较清楚，对事情发生的顺序，以及它们和其他近期事件的关联有着更清晰的认识。所以，我们对过去一两年有个清楚的时间架构，这段时间内发生的事都彼此吻合。但只要回忆那之前的事，相关记忆就逐渐变得支离破碎。我们虽然记得那些事，但常常必须借助技巧和辅助记忆，来厘清事件发生的先后次序。例如，我用重要的基准点（像是孩子出生、搬家），校正5—20年以前发生的小事件的相对时间。我对那些小事件记忆犹新，但我不记得它们发生的确切时间顺序。

据说这种时间感知缺失的情形会造成一种错觉，让人觉得时间流逝的速度变快了。最近的时间不可否认地比较井然有序，但这项理论认为，这种连贯性会让人觉得时间过得比较快。最近的时间主观地"压缩"到比较短的时间框架，只是因为井然有序、结构清

楚而且还是最新的吗? 相反地，对于我们更遥远的过去那些混乱无序的时间结构，大脑会将其解读成延长了时间的信号吗?

不过，人生可能比这还复杂，因为我们对过去事件的时间感知似乎会随着年龄而改变。这种情形在主观回忆外在、世界性的事件时最明显了。如果要中年人快速估计一个事件发生在多久以前，那么他们会一贯地低估流逝的时间。当然了，他们拿重大的人生事件当作对照基准之后，会修正这个错误，计算得比较精确，而且，他们常常被自己先前的估计错得那么离谱而吓到。以我自己为例，我常常很惊讶自己听的音乐是20多年前录音的。我总觉得那些音乐听起来很耳熟，都是当代的音乐（也许就是因为这样，所以我目前还会把旧流行音乐和新流行音乐的分界设在1975年左右，也就是我6岁的时候）。相较之下，老年人恰恰相反，他们把外在事件放置到久远的过去，仿佛想把它们置于某段早已遗忘的青春牧歌中。或许中年人没那么热衷于和青春牧歌保持距离。

不管你觉得这项理论如何，我们会操纵记忆，那些记忆也会操纵我们，这点无疑是有道理的，而记忆是定义我们感知到的生命过程的主要依据。

理论五: 新鲜事比较少

时间加速的第五个理论和新鲜感有关。大家都有这种经验，第一次做某件事情，感觉比以后做花费的时间要漫长。在新学校或新单位的第一天，甚至假期的第一天，时间似乎过得慢吞吞的。还有，个人事件那种骇人、令人印象深刻的新鲜感，甚至可以延长时间，常有人说他们身陷险境的时候，几分之一秒的时间会戏剧性地随着主观意识而夸张地延长。

新鲜感造成的时间延长是种常有人描述的现象，可以在实验室中研究。请受试者估计自己接受一连串刺激的时间长度，结果显示，比起重复刺激或不明显的刺激，他们感觉新刺激持续的时间更久。其实，只要是一连串有点重复的刺激，头一个刺激似乎就足够造成主观时间延长。当然，我们的大脑为什么会进化成如此运作，并不难理解。比起熟悉的刺激，陌生的新刺激需要多加思索，所以大脑给这些刺激更多主观时间也合理。相对之下，预料中的平凡刺激几乎可以不加留意，统统略过。

我们年轻时，事事新奇。你还小的时候，许多事情都是第一次经历。即使不是全新的体验，你也还在专心探究新的应对方式。所以有人认为时间随着我们长大而加速，是因为我们比较少遇到新事物——中年人的世界很好预测，而我们大脑的反应方式让我们加快参与这个世界的速度。早年的生命因为新挑战而延长扩展，中年的生命却因缺乏新经验而在眼前压缩。

那么，为什么新鲜感会影响我们对时间流逝的主观感知呢？或许完全是记忆的关系。或许中年人需要储存的记忆比较少，我们的大脑认为发生的事变少了，也就是流逝的时间没那么多。或者，也可能新鲜感和大脑内部时间感知的联结非常直接。或许时间感知其实取决于外界的新鲜感，是新经验让我们感知到时间在流逝。

然而，这些以新鲜感为根据的理论有些麻烦。例如，很多人说，童年和青少年时期的经历，在本质上比之后的人生经历更生动、更持久。但这两个年龄群体（尤其是青少年）常常抱怨无聊。我们都知道无聊或在等待的时候，时间慢得不可思议，但是主张青少年时期的人生因为既新奇又无聊，所以缓慢流逝，这样说不通。新鲜感和无聊应当是相反的概念吧？何况无聊对主观时间的影响很矛盾：一星期的无聊时间慢到令人痛苦，但回想的时候因为没什么事发生，这一星期似乎又几乎消失在记忆中。

另一个重要的因素可能是享受。比起新鲜感，享受或许更接近无聊的相反概念。我们都知道，时间在享乐时飞逝，但是几星期让人乐在其中的忙碌日子，在记忆里却比那段时间前后的单调日子感觉更长。这些日子在当时虽然转眼就流走，但事后却感觉过了很久。因此，主观感知时间的依据似乎混合了新鲜感、无聊和有趣。还有，我们在做某件事时流逝的时间，似乎未必与我们回顾时感觉花费的时间一致。

我们进入中年时，对时间的注意力或许也会有本质上的改变。中年人的孩子长大，事业安定下来之后，他们就有比较多的精力思考时间在宏观尺度上的流逝——他们可以坐下来，看着时间嘀嗒走过。不过，中年人的人生和年轻时比起来，比较受制于例行公事和必要的琐事，所以中年人或许很少有机会积极思考他们在微观尺度上的时间利用。因此才有中年的诅咒——蓦然回首，发现时间在我们不经意时流逝了！

现在的时间，过去的时间，新的、有趣的、无聊的事物逐一出现，主观时间看起来愈来愈支离破碎。人类脑袋里真的有时钟这样的东西吗？

理论六：我们拥有不少时钟，但正确运作的不多

这项理论是大多数科学研究的基础，关系到我们大脑内时钟的研究。

有明确的证据可以证明我们的大脑内有一些时钟，其中至少有一个非常准确。头脑的下层有个神经细胞的时钟回路，叫作"视交叉上核"（suprachiasmatic nucleus），它以相当规律的24小时为间隔运作——主要就是这个时钟，让我们的活动和睡眠模式按照每日的循环进行。例如，有一种突变的仓鼠，视交叉上核会用到的一个基因改变了，如果它那个改变了的基因是成对的，那么它的活动周期就会变成20小时。（神奇的是，如果只从双亲之一遗传到一个突变基因，那么它就会觉得一天有22小时。）视交叉上核的时钟准确得惊人，很多人惊奇地发现，他们可以训练自己在早上闹钟响的几秒前醒来。然而，虽然这个每日时钟是我们最准确的内部计时器，但是它派上用场的机会却有限——毕竟有史以来，人类大多可以靠着太阳起落而知道什么时候该起床，什么时候该睡觉。

撇开每日时钟不谈，通过心理时间估算时间短于一天或长于一天，——没有外部的昼/夜的实证存在——似乎是一个更容易出错和神秘的过程。至于我们怎么估算这些时间间隔，有项理论认为，我们脑中有其他不停走动的钟，这些钟类似视交叉上核的每日时钟，各个都由三个部分组成：一个"嘀嗒响的钟摆"、钟摆的计数器，还有记忆中过去经历的时段，这种记忆能让人比对计数的结果。另一项理论认为，我们没有特定的主观时钟，我们的时间感知比较笼统——只是累计计算大脑做了多少事，或是在一定时间里接收到了多少信息。

当然了，第二项理论可以解释为什么我们兴奋或无聊的时候，时间似乎会压缩或延长，不过，这项理论也可能对中年时的时间计算产生某些影响。例如，我们先前知道了，随着中年人的感官变迟钝，进入大脑的信息减少，所以这会使每天看起来不那么充实，因此回顾起来似乎时间流逝得更快了？我们也知道，中年人身体的新陈代谢效率会降低——所以大脑活动变慢，可能让外面世界相较之下改变得比较快？然而，中年人睡得比年轻人少，醒着的时候比较多，的确可能抵消这两种效应，他们每天可能会有更多的感知和更多的思考。

这些推测都不错，不过如果我们试着评估不同年龄层的人怎么估量时间，那么会发现什么呢？很不幸，这种方式有个问题：事实证明，原来估算时间的方式不止一种。

第一个方式是，你可以要受试者回顾及比较几段时间间隔，并且要他们估量一段时间有多长（可能是几秒或几分钟）。这类实验的关键是，要等到受试者经历了那段时间之后，才能让他们知道自己要做什么。在要求他们估算时间之前，必须对他们隐瞒此次实验的目的。虽然年龄并不是这些"回顾的时段"多么精彩或无聊的重要因素，但中年人和比较年轻的成年人比起来，似乎明显地高估了过去那些时间间隔的长度。这个结果很有趣，因为这是我们第一次有明确的证据证明，中年人大脑里的时钟和年轻人大脑里的时钟速度不同。不过，这个结果其实不符合"时间随着年纪变大而加快"的现象，因为那样的话，中年人会觉得不久之前的时间流逝得比较快吧！

　　研究人们对时间的估量，第二个方式是要他们经历一段时间之后，立刻重现那段时间的长度——用他们的指头敲出来。男人跟女人比起来，敲出的时间间隔容易太短，不知他们主观上急什么。另外，年龄变大之后，敲出的时间间隔则会太长。思考这可能代表的意义，非常有趣。这会是我们小尺度的计时能力随着年龄增长而衰退了吗？的确有证据证实，估量时间的能力会衰退，或许甚至在中年以前就发生了，而个体身上退化的程度，可能会与某些脑部前额叶区域的大小变化相当。

　　第三个估量计时能力的方式，是要志愿者"算出"时间间隔——没收他们的手表，然后请他们算出特定秒数的时间间隔。结果很惊人：有项研究请参与者算出10秒到300秒的时间间隔，计时的速度明显随着年龄而增加。平均来说，20岁的人估计得颇为准确，不过准确度在中年时下降，到了60岁，人们会砍掉大约30%的时间间隔。这个结果很有趣，不过，显然又违反了直觉——如果中年人的内部时钟加速了，那么外在世界不是应该感觉进行得更慢，而不是更快吗？

　　估量不同的时间间隔，结果更令人困惑了。有项研究是让受试者算出1到20秒的时间间隔，结果显示中年人没有那种加速的情况。这不禁令人怀疑，计算10秒以下和10秒以上的时间间隔，可能是完全不同的处理过程。我们现在的确也有明确的证据，能证明在不同的时间尺度里估量时间，可能会动用大脑中不同的区域。如果我们针对这么接近的时间尺度还有不同的时钟，那我们怎么可能由此推知出结果，继而了解中年人如何主观评估人生的月和年是怎么过去的呢？

　　我之前就承认了，我们还不知道为什么中年人的时间过得比较快，但这现象仍然是人生迷人但不可言喻的一个重要部分。毕竟我们的人生发生在不断往前且无法阻止加速的时间洪流之中。

　　正如我们所看到的，研究数据显示我们会为了不同的目的，而使用不同的计时方式。估计每日、一日之内和一日以上的时间，各用到不同的时钟，一个钟是负责事件发生当时的时间，另一个钟则是负责事后回顾的时间。这或许解释了为什么有时中年人对时间的感觉不一致——日子很漫长，一年年却呼啸而过，突然间一切似乎是很久以前的事了。

　　有件事倒是很明确，除了24小时间隔运作的视交叉上核时钟之外，不论我们研究的是哪个钟，都看得出中年人不大擅长估量时间。对我来说，这种情况的意义重大：中年人不擅长估量小尺度的时间（或许大尺度也是如此），是因为在进化的过程中这并不是重要的能力。自然世界充满了可以不可思议地精准预测日子、月亮周期、潮汐、年，甚至素数倍数的生物，但中年人自身对于时间的预测都无法规范。据推测，在我们之前的几千代狩猎采集者中，做出重要的决定，如知道何时该攻击羚羊或与潜在的伴侣打情骂俏，并不需要估量任意的一段时间间隔。也因此，大自然从来没有让中年人很擅长这种事。

　　不过，中年人的人生主观加速的情况仍然是非常普遍的现象，这点还有待解释。为什么自然选择拣选出的人类，在中年时会觉得人生呼啸而过？这种惶惶不安的感觉进化究竟有什么进化优势？

　　为了回答这些问题，我想提出一个推测。当人类还是儿童或青少年时，他们的时间是由自身发育和挣扎求生的努力组合而成的。

早在一万年前，人类在儿童和青少年阶段不久之后就会成为父母，而成年人的时间被僵化、没弹性的育儿责任占满了。不过，人类进入中年时，持续提供食物或关爱给后代的责任不再大量占据他们的人生，而他们的时间相对之下突然属于自己了。他们可以有深思熟虑的新选择，改善自己、亲人和家族的状况。驱使他们做出那些选择的是一种新的感觉——人生有限，未来他们对人类社会的贡献也可能有限。我认为，时间加速是为了让这些选择有种急迫的感觉，让我们自觉地退后一步，思考未来的生命。不过，当然了，别退后太久，因为我们还要活过许多有创造性的日子。

有些人会说，心理现象就如中年人眼中自我生命的结构和意义一样，非常明确而微妙，无法进化——无法被粗蛮的自然选择力量形塑。不过，接下来的几章里，我会指出进化确实发生了。

40岁时，心智发展"成熟"了吗?

Is your mind "complete" by the time you're forty?

　　不久之前，许多心理学家还觉得中年人的心智没发生多少值得一提的事。依据弗洛伊德的信条，人生的早期阶段才是心智发展的关键，而中年被视为相对停滞的时期，大脑在这段时间没什么改变。"成人发育"的概念本身就有矛盾，之后的许多心理学家继续主张，人类的性格在中年不会改变。一旦进入成年期，人就成形了、完整了——或者故事就这样结束了。

　　然而，这种中年停滞的假设，其实伴随着不安的怀疑——中年会带来新的一轮压力和心理疾病。许多人在接近中年时会担心这类事。如果像雪崩似的苦恼确实存在，那么或许就是因为，固定不变的心智无法处理人生新阶段的种种压力。但如果我们提出两个和人有关的基本假设——心智是人类的核心要素，而中年人群是自古

以来自然选择的产物——我们就会得到一个令人不安的问题。进化
为什么让中年人的心智那么无法变通，连变老这种事都没办法处理
呢？中年人的心智固定不变，实在没道理。

　　我们现在要来继续探索中年人的心智，挑战一些常见的看法。
这一章的核心问题是，心智和性格在五六十岁时究竟会不会改变。
中年人有两个普遍的刻板形象：因为无法控制自己的命运而灰心，
以及社交和政治思想愈来愈保守。我们也会探讨，这两种刻板印象
究竟是改变还是停滞的结果。

　　弗洛伊德的思想曾经是主流，但不久之后，一些心理学家就开
始对中年心智停滞的观念提出质疑。在心理学界，一项理论有没有
名人支持关系重大，所以我一定要提一下：荣格，他的人格发展观点
和弗洛伊德极为不同。事实上，荣格坚持认为，人类即使到了40岁
或50岁，人格也不太可能成熟。这一观点的支持者后来声称，即使
只是粗略地算数也支持中年改变的观点。简单来说，中年人的心智
和青少年的心智比起来，多了3倍的时间可以进化得和其他人的人
格不同，有更多时间可以避免其他人的影响和坚持，拥有自己的禀
性、特质与小缺陷。此外，人类18岁以前生活在父母家中和学校里，
而18岁以后彼此间的生活差异大于18岁之前，成年人的生活本质上
更能把人类的心智引导向各种不同的方向。

　　中年人拥有更多时间，而且那些时间的差异更大，按理说他们
应该会更有个性。事实上，许多心理学家声称，人类在中年时期的
生命经验正是如此。而年轻人可以分享同样的思考过程、计划和对

未来的期望，到了中年，未来就变成了真实而明晰的当下。我们之中表现得较好、处理得当的人，可以享受中年带来的种种新挑战，在回顾生命历程时，说出正面、积极的故事。相反地，对于那些很少思考、很少做规划并且希望逐渐破灭的人来说，中年成了失败、愤怒和失意的时刻。这不只是推测，也是精心设计的心理学研究得到的信息。中年再一次表现得像我们人生的中心点——这是青春渴望与成熟现实冲撞的时刻，而老年的坚忍淡泊还没软化这时的冷酷认知。

不久之前，实验研究证实了中年并不是心理的僵局，不过我们这时也不会毫不在乎地把手上的心理卡牌抛向空中，希望卡牌落地时呈现崭新的图样。我们先前的人格随着年龄渐增，其实会逐渐改变，但不会完全改变。因此，积极而健康的人通常仍然积极而健康，消极而不健康的人仍然消极不健康。例如，教师对儿童个性的评估，居然可以用来预测这些学生未来中年时的身心健康、体重、饮酒和吸烟状况，这一点令人震惊。

然而，在这种心理延续的趋势上，中年世界观发生了一些一致的变化。中年人更倾向于担心未来他们无法控制自己的生活，虽然中年实际上是许多人拥有的社会权力与经济能力最强大的时候。另外，在中年时期，人们开始对新情况采取更保守的态度——他们愈来愈努力地阻止坏事发生，而不是努力提高好事发生的概率。根据各项研究，中年人对自己的身份也越来越肯定，变得更诚恳、更随和，似乎更热衷于把自己的精力投入到许多活动中去，并且更愿意帮助年轻人。

其中的一些变化可能是因为在这个世界上，中年人察觉到了自己的变化——孩子无情地成长，事业发生变迁，身体不可否认地在变化。然而，个性转变的情况既一致又明确（或许有人觉得老套），这些现象的本质似乎已经内建在人类的发育程序之中。没错，我认为，每个人的遗传指导手册里都包含了某些要素，它们甚至会在我们的年龄增长时，改变我们对自身的看法。所以，一个没有孩子、事业没有变化，又罕见地体态完美无缺的人，步入中年仍然会改变想法。你或许不想相信，像个性那样复杂而由自己做主的事——那么能代表你自身的事——居然会受到细胞里那些细长小基因控制，但中年心理改变的情形放之四海皆准，看起来显然是受我们所有人固有的某种东西所控制。我认为，人生不同时期的思考方式，主要依据的就是我们遗传到的基因——那是个人版的"生命时钟"。

无论是否同意"基因决定论"（genetic determinism）那么惊人的观念，现在大部分心理学家都相信，人类的大脑在中年时期的确会继续发育。其实回顾起来很奇怪，我们居然曾经认为儿童和成人的大脑截然不同，一个会发育，一个不会。评量人生不同阶段的心理发展时，我们不再使用单一线性叙事观点，认为所有人的个性都按照完全相同的、既定的、连续的阶段进行。现在，我们认为，儿童们的个性有时似乎以一种可预测的、统一的方式发展的唯一原因是，我们迫使他们在特定的实际年龄经历特定的教育阶段。中年的心理发展少了那些共同的、组织明确的控制，以及外界强加的仪式，所以中年人的心理发展就像一部交响乐，有许多不同但同时发生变化的节奏——有些快，有些慢，有些连续，有些断断续续。虽然人与人之间微小变化的具体细节有差异，不同人的"交响乐"听起来仍然够耳熟，足以让人觉得基因共享的进化传承构成了我们的核心主题。

中年人心理发展的"交响乐"的一个突出的旋律是"控制"。控制有几种不同的意义，尽管中年人对其他人的社会、经济和政治控制力都很强大，但他们确实在担心控制的问题。政治家、工厂领班、管理者和教授的平均年龄逐渐下降到50多岁，甚至40多岁，现代社会的重要角色似乎常常由中年人担当主演。举例来说，用不着回顾太久以前的历史，就能找到英国历史上的某个时代——统治者至少看起来远比当代统治者（通常是男性）明显地老态得多。

然而，并非所有人都是企业家或政府部长。所有人多少都保有另一种形态的控制，也就是我们每个人感受到的对自身周遭环境的控制。许多行为学家认为，借着动物对环境的掌控程度（自觉能避免疼痛和困乏，或是寻觅资源或舒适环境的能力），可以衡量动物的幸福指数；同样地，很多心理学家也认为，人类的幸福指数在很大程度上取决于同样的事情。我们都知道，人生中有些事我们可以全权做主，有些事我们完全无法掌控。不过重要的似乎是，我们相信自己能控制周围世界的能力。这种控制的概念，以最粗略的方式把人分成两类，一类相信人生的一切都在自己的掌握之中，另一类认为自己能做的就是对生活中的任何事情做出消极反应。对这类事情根深蒂固的想法，很可能基于我们的基因和经验，在年轻时就发展出来了，然而，到了中年，我们已经有充足的人生经验，能确保我们对自我掌控力的认知，更深刻地铭记在我们的个性中。

　　我们是否相信自己能够控制外在世界，对我们的整体幸福很重要。那些认为自己有掌控力的人，通常有更高的成就，更积极活跃，更少焦虑，更能克服逆境，身体更健康，而且显然更快乐。虽然一直相信你能塑造自己的未来，可能给你带来压力，有时甚至会让人筋疲力竭，有时也会犯错误，但是"盲目地"相信自己的力量是非常有益的。例如，据说自决意识（a sense of self-determination）可以驱使脑部分泌大量的传导物质，这些化学物质促进积极情绪和身体健康。好消息是，大多数关于"掌控感"的心理学研究表明，我们在中年时最能控制情绪。事实上，就像我们在第七章中看到的，掌控感的发展曲线呈低圆的小山丘状，而中年人站在丘顶，俯视周围不幸的年轻人和年长者。与年轻人和老年人不同，中年人常常把事业和关心他人作为生活中最重要的两件事，而且他们似乎认为自己生活中的这两个方面是最可控的。这甚至看似形成了一种良性循环——人们认为充足的掌控感促进了事业成功和良好的亲子关系。反过来说，这两个关键领域的成功强化了我们的掌控感。

　　然而，并非所有中年人都有完美的掌控感。虽然心理学家针对中年人进行的测试所得到的平均评分较高，但是这并不代表每一个中年人都相信自己可以主宰自己的命运。有人觉得这个世界尽在自己掌控之中，也有人觉得他们的生活混乱无序，无法预料未来。例如，和蓝领阶层比起来，白领阶层会觉得他们更能掌控自己的生活。另外，教育背景似乎也发挥了影响。一般来说，女性更容易感觉到事情"发生在她们身上"，而不是她们"做了某些事情"。中年女性觉得她们最能掌控的生命元素是和其他人的互动，而男性觉得他们更善于控制事物——物体、金钱，或抽象的实体。当然，许多受试者可能有不愉快的经验。很多中年体力劳动者之所以感觉世界是无法掌控的，是因为他们自己的生活经历表明，事实上很多事情是这样的。想来有趣，为什么女性也有这种感觉？难道女性天生容易产生无力感？还是她们的经历让她们有这种感觉？

我们最重要的一种掌控形式，是调整和操纵自我认同的能力。我们所有人都有自己独特的认同——综合了我们对自己的想法，以及我们的社会地位。但心理学家认为这种认同不是固定不变的。真相恰恰相反。虽然我们的自我认同很关键，但它应该是处于持续变化的状态的，永远都在反映变动的环境和个人的态度。在这一方面，人和人之间就有差异了。说到这里，又要把人类简化成两个极端阵营。有些人的自我认同远比其他人有韧性，会努力塑造世界以符合自己的需要；有些人的自我认同比较没有条理，比较顺从，会不断改变，以适应周围强势的环境。我们有时认为，成功迈向老年的标志就是拥有较具韧性的自我认同，但这种情况确实也有问题。拥有这类自我认同的人或许自信而乐观，但他们也可能忽略生活中发生的真实变化，并且发现他们很难适应必要的变化。相反地，拥有极度不稳定的自我认同也有缺陷，这类人会因为衰老而恐慌，甚至过早地屈服于加速衰老。

不过，我们从心理学研究中知道，中年的一般趋势是，我们的自我认同都从有韧性的那个极端，转移到不稳定的这个极端。最后的结果对女性或许比较重要，因为平均来说，她们的自我认同本来就比较不稳定。听起来或许令人担心，但是在中年改变自我认同有许多好处。毕竟到了中年，张扬个性的强烈青春冲动似乎已经没有必要，甚至显得可笑。此时，要么你已经达成当初的目标，要么还没达到。研究显示，中年人的目标不再那么僵化，他们的目标更灵活，这样当然会提高他们实现目标的可能。也许一旦我们步入中年，当我们面对自己和周围世界的时候，该是互相妥协的时候了。

中年人心理"交响乐"的第二个主题是"保守"——社交和政治上的保守。我们都觉得中年人变得乖僻、极度保守的刻板形象很可笑，但真的会发生这种情形吗？这种情形会是进化造成的吗？

中年人表现出某些独特的社会化模式。研究显示，他们不像年轻人一样频繁参与社会互动，表面上这似乎符合中年人不爱社交的老套说法。不过，在问卷调查中，年纪较大的成年人比年轻人更积极地评价他们的社会交往，这包括他们与配偶和家人的交往。他们和一小撮人的社会互动似乎还增加了，例如，许多中年人和兄弟姊妹重修旧好（之前通常因为未解决的手足争端，或是因为事业与照顾子女这些极度耗费心力的事，而彼此疏远多年）。

因此，人到了中年应该不会变得不那么爱社交，而是更注重选择他们的社交对象，把自己的社交精力集中在所选择的少数重要对象身上。有些人甚至认为，这样的改变符合人类生命蓝图的某些理论。他们认为人类年轻时，人生似乎朝遥远的未来延伸，和其他人互动的目的是获取信息——信息是极为重要的人类资源。人类进入中年时，时间突然变成有限的资源（或许是由于先前探讨过的原因），而他们的社交目标，从收集信息转变成和其他人产生情感联结。当然，这其实符合之前讨论过的进化概念——人类的生活多少是以年轻人接受年长者传承文化信息的过程为中心建构的。针对这项理论，心理学研究已经证明，年轻人亟欲学习，不论向谁学习都好，而中年人则渴望和家人亲友建立互相支持的关系。这是中年人行为的稳定改变，是一种发育，而且进一步证实了中年人的许多方面是由我们共同的基因传承（生命时钟）所驱动的。

现在看来，中年人的社交变化有种固有的、内在的本质，或许源于某些相当基本的神经机制。有几项研究指出，无论我们是否喜欢，人们和他人的情感互动都会在中年改变。例如，各年龄段的受试者都觉得比较难分辨老年人的脸部表情。还有，随着年龄增长，我们愈来愈无法分辨其他人脸上的表情，而且容易觉得中性的脸部表情传达的是怒意。有份报告表明，人在中年时期会开始在大脑的不同区域处理脸部表情的影像。而且，随着年龄的增长，我们不再因人际冲突而感到苦恼和愤怒，对于与我们有争论的人，也很少有先入为主的想法。

因此，在某种程度上，我们对情绪的反应在中年时期变得迟钝了，年轻时激烈的情绪反应开始变得陌生。但中年时期，我们应当致力于和其他人建立情感联结，却又变得迟钝，怎么说得通呢？是不是，虽然我们加强了与特定少数人之间基于语言的情感联结，但我们不再需要与许多陌生人和熟人进行视觉互动？换句话说，中年人不再需要那么精密的情绪雷达了吗？

据报道，许多国家的人步入中年时，还有一方面也会变得更加保守，那就是政治思想。这种发现太普遍，许多人同意，无论主流意识形态是什么，年龄和保守主义之间都存在基本的关联。在过去几年里，有相当多的研究政治信仰的生物学基础。一些试图表明某些特征的心理测试与政治倾向相关。神经科学家甚至试图剖析政治信仰本身的神经成分。有个研究将它分为三个要素——个人主义、保守主义和激进主义——并且确定了触发不同政治模式时，脑额叶（the frontal lobes）活跃的不同区域。

然而，政治很难从进化的角度来研究，一部分是因为只有人类这个物种搞政治，所以找不到其他生物可以进行比较。话说回来，用进化的方式来检验不同政治活动的动机，仍然是可行的。例如，我们已经看到，人类中年可能天生容易在社交上退缩，节约资源，并把精力集中在我们自己的生存和亲属的成功上。以自然选择的角度来看，这样的现象显然很有道理，不过听起来也很像右翼的心态。

政治观点的另一个方面在进化的背景下是有意义的，那就是财富的再分配。我们年轻时拥有的很少，也难怪我们会支持这种鼓励把年老"拥有者"的资源转移给年轻"缺乏者"的体系——这是自由主义的目标。相反地，中年人（"拥有者"）可能失去的最多，而且取回失去事物的时间最少，也难怪他们支持人们应该有权用他们觉得适合的方式，来运用自己的财产——那是保守政治的思维。

接下来的10年里，随着大脑成像技术变得更先进和更有用，我们可以期待更多的研究领域，而政治权威终于有机会做渴望已久的事了——看看选民的脑袋，弄清楚为什么他们会用那样的方式思考。而且，了解我们的投票模式在中年时的改变，无疑会是他们的愿望清单的前几名。

　　中年人控制人类社会的那么多方面，但他们本身的认同和信念却变动不定。这数千世代的狩猎采集生活，为什么让我们变成这样？说来有趣，小部落成员其实一无所有，那么自我认同转变、社交选择和政治保守主义对他们而言，究竟有什么意义。毕竟，重要的是要记住，我们在今日中年人身上看到的心理改变，早在人类生活和现在截然不同的时候就已经发生了。

　　不过，一定有一种驱力跨越了那些古老的世代，把中年人的个性塑造成今日的模样。因此，在中年时，我们的人格终于达到最接近"完整"的地步。但还是存在一个紧迫的问题：这样我们就会快乐了吗？

中年人真的比较抑郁吗？

Do middle-aged people really get sadder?

快乐该怎么测量？我们大致都知道快乐是什么，我们看得出别人快不快乐，有时甚至会纳闷快乐是什么造成的。我们乐于相信，快乐是可以改变的真实状态，许多人觉得快乐是圆满人生的主要要素。我们担心中年的现实取代了生气蓬勃的青春，快乐也会随着烟消云散。我们觉得快乐很重要，但我们其实没有简单明了的方式可以计算快乐的多寡。没有简单的测验题，不能抽血检验，不能用遗传分析，甚至没有一致的语言定义能说明快乐究竟是什么。那么，我们该怎么测量快乐，该怎么知道中年的快乐是怎么发生的呢？

2008年年初，一项主题为"人一生中的快乐程度"的研究结果发表于学术期刊上，在全世界的报纸杂志和广告电台上引起了不小的争论。研究似乎显示，快乐在人的一生中以系统化的方式改变，而这种方式对中年人没什么好处。据说人生中的快乐程度呈现"U形"曲线，年轻人和老年人占据U形的两个顶端，中年人则无力地待在U形阴郁的凹处。

这项研究有大量的受访者参与。最初的调查包括美国和西欧的50万名男女，之后扩展到东欧、拉丁美洲和亚洲，最终总共有72个国家的受访者参与其中。最后，这项研究纳入英国100万人的现有数据。通过这些群组得到的结果意外地一致，人类平均的快乐程度在40岁到50岁间达到最低点。

这个实验的尺度之大，虽然前所未有，但测量人类快乐程度的方式并没有什么创新之处——研究者直接问受访者他们快不快乐。研究过程中让受访者在调查问卷中勾选"非常快乐""很快乐""不快乐""满意""非常满意"等答案。这样的测量方式看起来很模糊，如果你想问"快乐"和"满足"是不是同一件事，也不奇怪，但研究"快乐"这么主观的事情，或许也只能问受试者的主观看法。

快乐研究里，其他看似和心理状态无关的问题（婚姻状况、子女、就业状态，等等）其实也一样重要，因为这些问题测量的是可能混淆结果的因素。例如，假设我们的研究中，中年人表示他们比其他人都不快乐。另外，我们进一步假设有孩子正处于青春期的人也比较不快乐。现在我们处于两难，因为有青春期孩子的大多是中年人，这下子就不晓得中年人是因为人在中年所以自然不快乐，还是因为他们很可能有让人伤脑筋的青春期子女，所以间接地不快乐。幸好，这时候统计学就帮得上忙了。统计分析巧妙地比较各种不同的人（例如没有青春期子女的中年人，或是有青春期子女却不是中年人的人），让我们区分出影响快乐的不同因素，其相对重要程度如何。2008年年初的研究虽然经过所有这些统计学的神奇把戏，但是结果仍然坚持中年人天生比其他人都不快乐。

为什么年轻人会比中年人快乐，这并不难理解——他们美丽、年轻、缺乏责任感、离死亡很远。至于老年人为什么会比中年人更快乐，研究者们想到了一些很巧妙的可能。一个可能是，随着年龄变大，野心变小，目标变得比较实际，所以老年人达成目标时很少会失败，因而比较快乐。另一个可能是，不快乐的人在中年时更容易死亡，所以，年老幸存者中快乐的人超乎比例得高。理论上，第三个可能是，随着人们从中年步入老年，他们变得越来越感恩，因为他们的许多同龄人已经去世，而他们还活着——这本身就让他们快乐。要是我赞同U形快乐理论，我还会加上另一个可能——人类的发育程序会延续到老年，它会让老年人基本上处于快乐的状态。然而，对于这种进化趋势，情感的能量会增强老人帮助他们的后代取得成功的能力。

思考U形快乐曲线很有趣，不过要知道，虽然这项研究的样本大、分析仔细，而且有其他研究支持其结论，但是还有更多研究得到了不同的结果。例如，有项美国调查显示，随着紧张焦虑的年轻人逐渐成熟，变成快乐满足的老年人，人的快乐程度会在一生中逐渐增加。

另外，有些心理学家认为，在任意时刻问别人是否"快乐"，这样不够。他们认为,快乐不只是难以描述、短暂的主观感受,也是人们经历正面、负面情绪(或是按照心理学家常用的艰涩说法,是他们经历的正面、负面"影响")的总和。快乐是否真的是所有正面情绪扣掉所有负面情绪得到的总和,还没有定论,不过这种方式至少达到了科学家喜欢的一个条件——把一个庞大而神秘的现象(快乐)切割成比较容易测量的小部分。在情感方面,这些小的可测量的部分是志愿者在调查问卷上列出的每个形容词的数值。如果他们给"讨厌"和"敌意"的分数低,给"愉快"和"兴奋"的分数高,那么科学家似乎可以合理地得出结论:他们的正面情绪超过了负面情绪,甚至因此可以说他们是"快乐的"了。

　　用这种方式测量大样本人群的平均情绪时,就会出现复杂的模式。中年男性比女性表现出更多的正面情绪。事实上,中年男性的正面情绪也稍稍多于年轻男性。相反地,中年女性的正面情绪有轻微下降。值得注意的是,两性进入老年(超过60岁)时,正面情绪都会增加。这种方法还允许研究者独立地从正面情绪中调查负面情绪。中年男性的负面情绪少于女性,比起青年时期,他们的负面情绪也减少了一点。中年女性的负面情绪和年轻时差异不大。接近老年时,两性的负面情绪都减少了。

　　这些结果代表什么呢?中年似乎加重了男性比女性"更快乐"的预先趋势(前提是我们相信这些研究测量的是快乐)。然而,中年和青年之间的差别很微妙。在我看来,人生的这两个阶段里,人类的需求有复杂的差异,所以自然会有上述微妙的差别。而自然选择花了数百万年磨炼出人生的两个阶段,让我们完全可以适应这些需求。中年的出现是一个严格控制的、独特的过渡，而不是不受控制的退化。相反地，一旦步入老年，整体幸福感会明显自然而全面地增加，令我们倍受鼓舞。

这些都是将情绪视为"总得分"来研究的，除了这些研究之外，还有证据表明，在我们的生活中，是什么驱使我们的情绪发生变化的。中年人发现自己的日常状态对情绪的影响更大。日常生活通常变得比以前更加复杂，例行公事越来越五花八门，而且变得更加教条，令人难以松懈。虽然年轻人的生活艰难，但他们可能会发现自身比中年人更容易摆脱日常压力（财富和金钱是最好的例子）。年轻的时候，如果暂时缺少钱或食物，只觉得不方便。中年人常常怀念无拘无束的年轻时代，那时需要的只是有人爱、有可以容身的地方以及可以预见的未来。到了中年，由于不得不为他人提供服务和思考未来需求时的焦灼不安，所以时间压力更加影响我们的情绪就不足为奇了。

然而，情绪在整个生活中的持续变化明显表明，这和变动的外在因素无关。相反，大部分的变化都是内在变动。换句话说，情绪还有很大一部分处在持续发展当中。基因的"生命时钟"不仅改变了不同情绪的强度和重要性，而且改变了环境对这些情绪的影响。有些研究者认为，我们感受到的快乐大约有50%取决于基因。这个论点很惊人，而这让人生经验影响我们情绪的空间少得惊人，何况我们的基因也可能决定，这些经验在人生不同阶段对我们造成多大的冲击。实际上，我们一生中与情绪有关的一切，越来越像是事先计划好的,这点令人感到不安。有些人甚至声称有些特定的心理运作过程,会持续调整快乐的程度,让我们的快乐在人生中按照预先设定的路线发展。依据这项理论,在成就超过或是低于预期,或是财富增减时,我们只会有短暂的情绪反应,接着会迅速调整我们的期望,这样我们最终会和以前一样快乐。

情绪这种持续的"校正",确实符合日常观察。有些人天生乐观,有些人则天生悲观,不论生活施与他们什么,这些倾向的背后或许都有可以直接测量的脑部功能变化。脑部扫描显示,对人生看法正面的人,利用左前额叶皮层的频率多于右前额叶皮层,比较悲观的人可能恰恰相反。这些研究当然很粗糙,尤其是我们并不知道大脑两侧的使用差异,是正面情绪和负面情绪的起因,还是结果。不过,个性差异可能反映在大脑活动模式的差异上,而且看起来似乎是合理的。

研究大脑在运作过程中释放的化学物质表明,中年人的情绪变化可能有基本的、化学的原因。许多研究显示,虽然中年人的情绪可能会受周遭事件的整体状况影响,但他们和年轻人比起来,对个别事件的情绪反应反而没那么激烈。这是一个有趣的想法,因为这意味着中年人在某种程度上提前适应了他们超级复杂的中年生活。别忘了,不同中年人之间的生活差异,很可能比年轻人之间的生活差异更大,例如人际关系、成就、财富、自我认知、挑战和责任等方面。因此,为了适应中年人生活的这种固有差异,我们的情绪的确可能因为脑中某些化学神经递质,而变得更稳定或克制。毕竟,不同中年人的生活是如此明显地不同(也许是不公平的),如果他们对事件的反应还像年轻人一样,那么他们的生活将成为无法忍受的情绪过山车。中年人最不希望的就是像青少年一样重新经历各种情绪，那样太折腾人了，而且会对我们要负责任的对象造成巨大的伤害。

不过，这些改变并不意味着，中年人的情绪普遍整体上变迟钝了，而是这些改变反映了我们的思考和情感表现的方式大幅度重整了。心理学家总爱争论认知和情绪之间的关系，不过调节控制情绪时，和认知相关的大脑皮层确实扮演了重要的角色。例如，我们有时会对外界的事件产生强烈的情绪反应，然后我们会有意地克制。

因此，在一定程度上，认知可以控制情绪。这很重要，因为我们已经看到认知在中年如何变化、如何达到生命中的关键顶点。的确，有些心理学家认为，正是这些认知变化造成中年人的情绪变化（包括快乐）。换句话说，中年时，正是认知（也就是让人类这么成功的那项特质）调节情绪的能力终于完全成熟的时候。我们在中年时并不会变得迟钝，相反地，人类的情绪和思想这两个伟大的领域终于得到了适当的平衡。还有什么比这样更完美的呢？

* * *

为了更多地了解中年人的快乐，有些心理学家把他们的研究扩展到一个相关但截然不同的概念——幸福。虽然幸福和快乐一样难以定义，但幸福仍然是很重要的主观状态，和快乐有些重要的差异。第一，评估自己的幸福会涉及我们对自我的评价——如何看待我们的人际关系、自我形象、自主性、对生活的掌控、目标和进步——通过我们对这些事物的评价，获得对生活的全面了解和满足。

第二，因为这种内省的色彩，因此比起快乐，幸福是更长远、更经过深思的状态——它要求我们从日常生活中抽离出来，回顾我们的生活。所以，比起快乐，幸福更容易和短暂的喜悦、悲伤、成功或失败区分开来。第三，人是社会性的、竞争性的动物，评估个人的某部分幸福，必然要拿自己和别人比较。

不论我们怎么定义幸福，它的多面性、内省性、长期性和比较性意味着，它适合这类的问卷调查，因此深受心理学家的喜爱。而这些问卷调查显示的第一件事是，人们在定义他们的幸福时，最看重的事物是不同的。例如，有些研究表明，中年人最重视人际关系，其次是自信和自我接纳。其他研究甚至列出了中年人重视的事项的排名清单，其中一个例子就是：

- 婚姻
- 财富
- 子女
- 健康
- 社会经济地位

我们稍后再来看"婚姻"，其他项目的相对重要性其实很有趣。例如，"健康"在清单上排得相对靠后，但别忘了，中年人的健康困扰不多，所以他们可能不像老年人那样经常考虑自己的健康状况。

"子女"的排名惊人地靠后——生活的这个部分需要那么多的努力，而且是基因延续的关键，只排在第三似乎很令人失望。或许，中年人没把子女排在前面，是因为他们认为，抚养孩童和青少年的压力对幸福没有正面的影响。也可能是他们把子女看作无法克服的自然力，他们无法控制（我就是这样），因此答案偏向他们认为能控制的因素。另一个可能是，中年人本能地把子女融入自己的形象中，认为子女是"外部因素"的想法从未进入他们的思想。其实，有相当多的证据表明，中年人评估自身的幸福时，主要是基于他们对子女成功与否、幸福与否的看法，而不是对自身的看法。因此，中年人的幸福可能在某种程度上是可替代的——评估他们的孩子，就像是在评估他们自己。

　　"财富"在清单中排得很靠前，但金钱和幸福（以及金钱和快乐）之间的关系却很复杂。要受试者评估自己的幸福和财务状况，并且不去问他们觉得这两件事有多大的关联，结果会发现，收入对幸福的重要性实际上不如其他因素，例如家庭成员间的相互支持。此外，随着工业化国家收入的增加，人们对自身幸福的评估确实变得更为乐观，但影响却出奇地微不足道。相较之下，就业水平的提高似乎更为重要。按这种论点，我们或许该致力于让大家都有工作，而不是让大家富有（这种志向和共产主义或许没多大不同）。尽管财富和幸福之间存在着模糊的联系，经济学家有时试图确定不同生活事件的货币等价物。当他们这样做的时候，他们提出的数目惊人。例如，结婚带来的幸福已被证明等同于每年增加7万英镑的收入，而伴侣的死亡则等同于17万英镑的经济损失（然而，读者们应该意识到，这并不是说有一种机制，真的可以把婚姻兑换成等值的货币。金钱和幸福并不是可以互相转换的）。

一方面，由于中年人拥有敏锐的认知能力，却对财富如此看重，这或许不足为奇，因为金钱是清单上最有形、最容易计算的项目。然而，考虑到财富对幸福的影响微不足道，却被人们如此看重，这实在是令人惊讶。金钱和幸福明显地不相关，难道这又是情绪调整的力量的另一个例子吗？当你的收入增加时，你的生活方式和情绪是否很快就适应了，以至于几个月之后，你就不再注意到自己加薪了？另一方面，中年人看待金钱的视角或许和年轻人不同。他们将金钱视为重要手段，通过金钱他们能履行养育子女这项不可推卸的重大责任，或享受帮助他人的愉悦。对于务实的中年人来说，财富似乎远比养育子女或助人为乐更容易量化，因此为什么不把财富放在幸福清单的前面，把它作为你能做成其他事情的保障呢？

针对社会经济地位的研究和单纯针对财富的研究相似。虽然社会经济地位比较低的中年人通常有更多的健康问题，并且离婚比例较高，父母早逝，收入明显很少，但他们表述的幸福程度和社会经济地位较高的人却差别不大。这是一项惊人的发现，我想知道我们是否能找到任何既和幸福有关，又是有形的或可测量的事物。然而，虽然幸福感似乎基本上不受社会经济地位的影响，但是受试者眼中的幸福因素却深受社会经济地位的影响。例如，社会经济地位高的中年人认为，目标、成就和学习新事物对他们的幸福感很重要，而地位低的中年人则认为能够适应不断改变的世界是更重要的。

然而，从整体来看，中年人的幸福观是良好的。许多基于问卷调查的研究表明，中年时自我评估的幸福感高于成年的其他时期。事实上，幸福和认知的模式很相似，在中年时都是平缓宽广、令人安心的山丘状。有些研究显示，中年人的幸福甚至还有更重要的意义。在各个年龄段的成年人眼里，中年似乎是生活中的关键时期。年轻人常常依据预期中自己到了四五十岁时的表现，来评估当前的幸福感，把自己投射到未来的中年。相反地，老年人在被问及自己的幸福时，会想起自己的中年，思想飘回过往的中年时光。似乎我们人类已经变得迷恋中年，本能地把中年视为一生成功和圆满的基准。

这是中年力量的一个关键部分。不论我们处在什么年龄，中年都会吸引我们内省的目光。如果我们满意自己的中年生活，那么不论是正在经历、展望还是回忆中年，我们似乎都会对自己的生活感到满意。

那么U形快乐曲线又是怎么回事呢？尽管它具有说服力，但似乎与幸福的研究并不吻合，也没有其他关于快乐本身的分析。难道人类的快乐太复杂，所以误导了我们？

事实上，一些研究者现在主张，U形快乐曲线只是假象。我们已经看过，调查年龄对快乐的影响时，需要仔细地统计各种各样的混杂因素，例如子女、婚姻和就业。而U形快乐曲线假说的反对者抓住这一点，指出U形表征，或许并不代表中年真的让人悲哀，只是这些错综复杂的影响经过该种研究分析方法而产生的虚假产物。这些影响中最重要的是婚姻。婚姻本身似乎让人比较快乐。反过来也说得通——快乐的单身人士比较可能结婚，而快乐的已婚人士更有可能维系婚姻。婚姻和快乐的交互作用在统计上很难处理，但如果不考虑这种影响，对统计结果会产生令人吃惊的巨大影响，特别是考虑到很多中年人都结婚了，而且很多人也很幸福。其实，有些研究考虑到这些因素后再度进行分析，快乐的 U 形表征也就消失了。因此我们怀疑，其实 U 形快乐曲线根本不存在。或许中年人其实不会更忧郁。

本章中我们探讨了两个相互重叠的主观概念——快乐和幸福。动物的结构和功能明确而单纯，对于每天处理这些事情的我们而言，快乐和幸福的种种迹象有时隐晦地恼人。不过，我们都知道快乐和幸福对所有人都不可或缺，而且心理学家肯定对这些看似不科学的现象有更深入的了解。事实上，这对我们的"中年新故事"有着异常重大的意义。看来中年人不会比其他人群忧郁，甚至可能觉得他们的幸福感比其他人群都强。另外，不论我们是什么年龄，中年的幸福感似乎都对我们生活的意义至关重要。中年根本不是情绪麻木的时期，而是我们的情绪和思考能力的平衡最终趋于成熟的重要人生阶段。

上一章强调的是，我们的个性在中年时仍然有可塑性。在这一章中，我们看到人类有种惊人的倾向——在一生中会保持乐观或悲观的个性。当然，我们每个人都会不断地对周遭事件做出反应，但很明显，我们的期望也会不断调整，因此，面对变化的环境，我们对这个世界的个人看法仍然非常稳定。我们的思想一开始就有差异，之后依旧不同。正如人类生活的许多方面在个体之间千差万别，同样地，进化也造就了我们这个物种个体间巨大的个性差异。事实上，人类个性的差异似乎对本身也有益处。

正如人类的外表和声音彼此不同，自然选择确保我们每个人都有一种独特的方式来应对我们周围的世界。到了中年，人类应对世界的方式——人格——达到最成熟的状态。

中年人的心灵脆弱吗？

Is the middle-aged mind fragile?

即使在控制无助感之后，挫败感和抑郁症仍然有强烈的联系……控制了挫败感之后，（无助感和抑郁症）这两者之间的相关性会大幅降低。控制了其他社会阶层的变量之后，受困感和挫败感对抑郁症的已解释变量有很大的影响。

——吉尔伯特与艾伦，

《心理医学》期刊（*Psychological Medicine*），1998 年

人类以一种其他动物从未有过的方式控制、开发和利用世界，主要原因是我们的大脑体积过大。虽然解剖学家在十八九世纪时，几乎都在探索大脑的哪个部分让人类与众不同——关键的进化创新——但他们一直没找到。相反地，巨大的体积似乎是我们的大脑

与地球上所有其他生物的大脑的不同之处。人类的大脑大约是我们
能想到的我们这类体型的哺乳动物的5倍（脑容量和体型通常有紧
密的数学关系，即使体型差距极大的不同物种也一样，老鼠的大脑
重0.4克，抹香鲸的大脑重达8000克，但它们都符合"标准"的哺
乳动物模式）。我们认为，达到大脑的"临界重量"，使我们能够达
成人类所取得的一切非凡的成就。

但是，一个拥有如此巨大的大脑的物种，能够创造出科技、语
言和大型社会，碰巧也是唯一有许多个体自发产生心理疾病的物种，
这难道不是巧合吗？我说"自发"，是因为动物如果受到严重的虐
待，也可能被诱发出类似抑郁症、焦虑和精神病的症状。然而，许
多人——相当一部分的物种——在没有明显诱因的情况下就具备了
发病条件。可能有人会认为，心理疾病是人类大脑逐渐趋向大小和
复杂性的绝对极限的结果。我们正在接近这样的状态——我们的
大脑如此之大，以至于变得不稳定。

许多人，尤其年轻人，相信中年时期是心理疾病这种人类独有
的负担最严重的时刻。中年通常被认为是一段固有的严酷的时期，
这一阶段的生活最容易受到三种人类苦难——抑郁症、焦虑和精神
病的侵扰。然而，在这一章中，我会考虑是否确实如此。我会把重
点放在抑郁症上，偶尔提到其他两种疾病，因为我认为抑郁症是
中年时最容易发生的心理疾病。

中年时期的临床抑郁症极为重要。我们任何人都可能遭受强烈
的悲伤——反应性抑郁症，以应对生活中的不良事件，不过"临床

抑郁症"更多源于个人内在。虽然"反应性抑郁症"和"临床性抑郁症"的差异，比精神病学家以前认为的更模糊，但临床抑郁症的特点是持久不间断的悲伤，并伴有内疚、自责和自卑感，形成自我挫败的循环。和反应性抑郁症不同，临床抑郁症使人们几乎无法欣赏生活中的光明面，患者通常会有特殊的生理症状，例如早醒型失眠、头痛和消化问题。

临床抑郁症有种让人心力交瘁的特质，这意味着它在中年时可能是具有毁灭性的。患者在社交场合常常表现不佳，过早退休步入贫困的晚年生活，也更容易患上慢性疼痛、糖尿病、心脏病和肥胖症。抑郁症的心理影响不仅限于情绪，也与记忆力、认知能力下降有关，还会在脑部扫描时出现异常的脑部活动模式，这种活动甚至可能持续到抑郁症发作结束以后。然而，幸运的是，对人群中抑郁症的调查表明，与人们的普遍预期相反，中年人患抑郁症的可能性实际上比生活中其他任何时候都要低。发达国家的妇女在任意年份罹患临床抑郁症的概率大约是中年前的20%；在中年的早中期，发病率下降到16%；在中年晚期，发病率可能是10%。男性在任何年龄似乎都不容易罹患抑郁症。我已经提到过，男性的情绪在中年时更加积极，他们往往过于自信地评估自己的身体健康，而且相信自己和死亡的距离很遥远。中年之前，他们每年的临床抑郁症的发病率大约是12%，之后降到7%，老年时大概降到3%。必须强调的是，这些数字仍然表明，在生活的各个阶段，许多人都为抑郁症所苦，但不可否认，中年的趋势似乎朝着正确的方向发展（其实焦虑症在中年时期也有类似的下降趋势，精神分裂症在中年发病的概率也低于青少年和青年时期）。

　　心理学家想确认中年的抑郁症真的减少了，因此一直努力思考这个现象。例如，有人认为中年人参与心理健康调查时，可能比年轻人更容易忘记自己抑郁症发作的事。不过，他们除了"记得"抑郁症发病的概率比较低外，还一贯报告当前抑郁症的发病率较低，因此中年人不大可能回忆起早期的抑郁症。第二种可能性是，随着年龄增长，他们可能变得更加困惑，因此没有想到要提及过去或目前的抑郁症发作情况。不过，尽管这在搜集老年人信息时可能是个问题，但中年人其实不常有严重迷糊的状态，即使在临床抑郁症发作时也一样。第三种可能性是，中年人可能不太愿意承认自己有抑郁症，或者不太愿意寻求治疗。但数据也驳斥了这种可能，有些心理学家声称，中年人其实比年轻人更愿意表达自己的负面情绪。我想提出中年（至少与青少年和老年人相比）抑郁症被低估的第四种可能原因。青少年处在学校的严格监管之下，老年人通常相对频繁地处于医师的监督之下，所以和中年比起来，这些年龄段的抑郁症或许比较不可能逃过记录。然而，这种论点仍然没解释成年早期和中年时期之间抑郁症发病率减少的原因，因为年轻人和中年人一样无人看管、无人监督。

　　如果我们步入中年时，抑郁症的发病率真的下降了，那么哪些中年人仍然受抑郁症折磨呢？有许多研究试图回答这个问题，但我们之后会看到，要分辨哪些是抑郁症的成因，哪些是后果，或者哪些只是成因刚好和抑郁症相同，这过程实在令人困惑。

　　比方说，已婚人士不太可能报告抑郁症的症状。或许是因为他们比未婚的人更少经历抑郁，而不是因为已婚的人更愿意隐瞒他们抑郁的症状。不过，这并不一定表示婚姻本身自然能"防治"抑郁症，也可以说，容易罹患抑郁症的人不太可能结婚或维持婚姻状态（精神分裂症的情况也一样，已婚人士也比较少罹患精神分裂症）。然而，有一项发现确实表明婚姻或许能防治抑郁症——丧偶似乎有相反的影响。丧偶和抑郁有很强的相关性，而失去伴侣对男人的影响似乎更强烈。有趣的是，婚姻和"抑郁"的相关性在男性身上也比女性显著。对女性来说，重要的似乎不是结婚，而是女性认知中的婚姻状态（或是认为婚姻成功与否）。

中年时期，子女对抑郁症的影响并不明确。有些研究显示，子女和抑郁症之间没有关联，有些研究则显示，做父母（尤其母亲）的人会比非父母的人容易罹患抑郁症。但是相关性太微弱，所以这可能根本不是真正的因素。例如，现已存在的抑郁症与较早生育孩子的可能性有关。因此，子女或许根本不会导致抑郁症，相反地，可能是抑郁症导致他们生育子女。其实，年轻人面对困境的反应为什么是生儿育女，或许在进化上说得通——早年的困境表明人生可能会艰苦短暂，所以最好的办法或许是尽早开始生育后代。

虽然我之前对弗洛伊德不以为然，但养成过程的经验会影响人们在中年罹患抑郁症的概率，这点倒是毋庸置疑。一项英国的研究要求43岁的人回答，他们觉得父母对待自己的方式算是"关爱""控制"还是"漠不关心"，之后把得到的结果，和同一批受试者在52岁时的心理健康互相比对。与"控制"和"漠不关心"的群组比较起来，童年时期父母"关爱"的群组的回忆和良好的心理健康有显著相关。其他研究显示，童年时期受过性虐待或身体虐待的中年人，抑郁症的发病率会高出一倍。此外，早年受教育的时间长度，在中年似乎对抑郁症有强烈的预防作用。不过，我们必须小心看待这些明显的关联。因为什么是因、什么是果，常常并不清楚。例如，抑郁的人不太可能用"关爱"来描述父母吗？如果你没有罹患心理疾病，那么是否比较容易继续学业？从前受虐的人步入中年之前，已经受过哪些心理疾病的折磨？

有偿的就业状态和中年时期心理健康的相关性非常强烈，让人容易认同就业能预防心理疾病，但需要注意的是，家庭主妇的抑郁症的发病率与失业人群接近。另外，不论是什么年龄，有偿就业对男性心理健康的正面影响明显比对女性更强，这造成两性之间一些有趣的差异。男性就业的概率通常在二三十岁时最高，然后随着年龄的升高逐渐降低。这意味着，虽然在工作的中年男性比较少，但抑郁症的发病率也比较低。相反地，因为许多年轻女性待在家里照顾子女，女性就业的高峰年龄在40岁左右，这时许多女性的子女长大，她们于是进入职场。因此，中年时期就业增加，实际上可能有助于女性抑郁症发病率的下降。

有些心理学家认为，中年抑郁症最重要的影响是人在社会阶层中的位置。他们甚至怀疑，人们提出的婚姻、父母关爱、教育和就业与抑郁症之间的相关性，只是社会地位总体效应的简单表现。人类群体会自然形成社会阶层，这和许多社会性动物相同（例如红鹿、黑猩猩和鼹鼠）。这个过程在青春期早期就已经全力开始进行，这些阶层和它们依据的标准（美貌、健康、财富、就业状态和智力）在中年的改变可能并不大。从青春期开始，人类族群就自动建立了两个独立的"啄食次序"（pecking-orders）——一个属于男性，一个属于女性——人在这两个社会阶层体系里可能往上爬，也可能往下掉，但终究逃不出这两个阶层体系。中年女性的社会地位尤其受到令人不安的挑战，一些研究显示，决定社会优势的因素中，美貌对女性远比男性重要。因此，许多男性在享受财富、权力增加带来的社会地位提升时，女性却觉得皱纹把她们拉向相反的方向。我们知道人们身处社会底层会不自在，处于同样地位的动物其实也有明显的应激症状，例如行为异常、适得其反的社会互动，以及健康状况不佳。进一步来看，所有地位低的社会性动物都会面临这种问题，心理疾病只是这种问题在人类身上的异常显现。这一章开头的引言显示了，无助感、挫败感、受困感和普遍的社交失败这些概念，是如何被纳入心理疾病的语言中的。

其他研究指出，中年时期有更机械性的、生理性的、"将身体视为机器"的抑郁源头。例如，当我们遇到充满压力的实验情境时，大多数人的反应是血压升高、心率加快，肾上腺会分泌一种叫作皮质醇（cortisol）的激素。然而，患有临床抑郁症的人，这些压力反应会缓解，而缓解的程度和抑郁症状的严重程度有紧密的相关性。即使研究者通过统计排除药物疗效、软性毒品、健康和社会经济地位的影响，这种与激素应激反应的联系依然存在。有项研究的结果支持上述发现，在这项研究中，觉得压力较大的中年女性早上醒来时皮质醇增加得比较少，一天之中的皮质醇水平也比较低。

中年心理和生理之间的关联很有趣，而且关系重大，因为中年的抑郁不止本身的破坏性很强，而且和其他严重的问题有关。中年女性的抑郁状况和体能活动量低、过度摄取热量之间，有很强的相关性，因此毫不意外地，和肥胖也有强烈的相关性。另外，觉得自己过重的中年人，也比较容易抑郁（即使他们其实没有超重）。男性的抑郁症和心血管疾病有很强的相关性，虽然这种情况下可能是抑郁症显现得比心血管疾病更早，或是恰恰相反。之后我们也会看到，性生活的改变如何影响我们的心理发展。身心会借着上述的所有方式互相影响，而"生命时钟"之中可能藏着意外的惊奇，它会影响中年人的身心。

虽然遗传、健康和生活状况这些导致抑郁的既存原因很重要，但中年心理健康的其他关键组成元素，才是诱发应激反应的因素。心理学家一向把中年看成是自我转变、心理变化的连续过程所导致的一连串心理压力和危机（而且重复出现）。然而，最近有些专家已经开始认同中年人普遍抱持的想法：其实是日常微不足道的烦人小事，让他们陷入缺乏活力而有害的悲伤之中。婚姻问题，甚至是经营一桩成功的婚姻，都在压力诱导清单上名列前茅，健康问题也一样，这或许是因为中年人认为自己不太可能生病。子女也可能导致压力，毕竟他们往往是叛逆又激进的青少年，或是正要离家。工作场所的能力增加，带来更大的责任和压力。中年这个时期，中年女性常常进入或重新进入职场，而有些男人已经自愿或非自愿地离开职场了。中年人的父母常常生病。尽管事实上中年时期的直接财政压力下降了，但是长期的财政规划成为一个紧迫的问题。总的来说，女性的生活正在发生着巨大的变化，因此研究显示，中年女性觉得自己处理家庭角色、事业和人际关系转换时的表现是好是坏，对她们的幸福感影响很大，这一点也就不足为奇了。

压力不仅包括长期的、总体的、巨大的压力，还包括居家生活和工作中的小摩擦、日常琐碎的生活刺激，有些研究显示，这些刺激会在中年时期改变性质。首先，尽管中年人看起来要面对更多样化的任务和责任，但是他们每天的压力要比年轻人少。而中年女性每天的压力要比男性多。两性最常见的短期压力源头都是自己的子女（听起来很耳熟吧）。然而，中年人口中"令人挫败"的日常压力源头，也比年轻人提及的数量少。换句话说，中年时期能造成压力的事情，往往是他们认为自己可以处理的事——他们觉得那些事可以控制，正如之前所说的，这会令他们十分安心。

* * *

所以，中年时期的心理健康看来还不错。

人们可能更快乐，感觉更有控制力，承受更少的压力，尤其是"令人沮丧"的压力。许多心理学家认为，中年人重新发展出一种有效的人格，使得情绪和认知可以达到平衡。整体而言，心理疾病的发病率在中年时期似乎真的下降了，这或许并不奇怪。

即使对中年人情绪不乐观的心理学家，也同意抑郁水平在中年时期似乎的确不会增加。其实，他们还指出抑郁水平下降暗示中年人有某种固有的韧性，他们会感到悲伤、焦虑，但能设法避免这种情况恶化成病理性心理疾病。

最近，有人提出中年心理韧性的几种可能成因。第一，中年人经历压力的频率比年轻人少——我们刚看到，这种情况有几分真实性。第二，罹患临床抑郁症的人在中年之前更容易死亡，因此幸存下来的中年族群自然不会那么抑郁。第三，中年人通常不会对压力做出反应，因此能避免一些心理疾病。这可能和中年会发生的微妙情绪抽离与再聚焦有关，更简单地说，也可能只是因为中年人可以通过更多的资源获得心理支持，例如财富、家庭、安定感，等等。第四，可能中年时期达到了思想和情绪之间的美妙平衡，而且累积了几十年的生命经验，创造出自然稳定的人格。看起来，中年大脑回避压力和处理压力的效率，远远超过其他人生阶段。事实上，中年代表着心理发展到达极致的时期。这段时期里，我们应对生活中负面状况的能力，胜过了忽视它们或做出不合逻辑（甚至妄自尊大）的反应的倾向。所以，中年人的自然心理策略，是积极地管理自己的情绪反应。中年人终于学会，怎么让情绪避开自我批评这种自我挫败的循环，转而用有目标、有重点、有效率的方式对待生活。在这种情况下，庞大无敌的人脑其实在中年到达了顶峰。中年人并不是站在一个心理韧性逐渐强化的缓坡中间，而是站在一座韧性之山的顶峰上。年轻人比中年人容易罹患心理疾病，老年人在罹患心理疾病之后更容易复发。说实话，中年人更能应付各种状况。中年人作为部落的供应者、热情的文化传承者，实在太重要了，因此他们进化成了人类生活大旋涡中的稳定岛屿。

中年心智活跃的秘诀是什么？

So ... what is the secret of a flourishing middle-aged mind?

　　本书中间的三分之一内容都在讨论中年人体的一个器官。这或许有点儿失衡，但我认为那么强调大脑，其实情有可原。

　　我之前说过，大脑是我们人类和其他动物的关键差别，就是大脑让人类有了根本的不同。虽然人类还有其他与众不同的地方——例如用双脚走路；双手灵巧，能制作工具；拥有奇特的社会行为与性行为——但上述这些都取决于进化出了那个容量惊人的大脑。我们将在这本书的最后一部分，看到人类大脑如何强烈地支配其他生物的现象。

　　我偏重大脑，还有另一个原因：我觉得亲爱的读者，你会对大脑特别感兴趣。毕竟，你的大脑远比其他器官更能代表你。你的自我和人格都根源于大脑，大脑也是你感知外在世界的工具。此时此刻，我的文字正跳入你的大脑。等你进入中年（或许你已经是中年人，或者从前是中年人），中年将是（正是／曾是）一种现象，其特征是你不断变化的大脑、不断变化的身体和不断变化的外部世界之间持续的交互作用。

除此之外，中年是人生的一个阶段，在这个阶段，大脑变得更加重要了。随着身体和生育特性的衰退，正是大脑推动我们迎向光明而富有成效的未来。事实上，中年时期，许多人认为他们的大脑是自身最"有价值"的资源，是他们所能提供的最好的东西。

在有关大脑的讲述告一段落之前，我想用不同的观点来看看近年来和中年大脑有关的发现。目前为止，我们仔细研究了认知、时间感知、人格、快乐和心理韧性，但我倾向于"着眼于平均值"，这是常见的科学方法——无论是普通中年人不同于普通年轻人，还是平均来说，中年男性都在某种程度上和中年女性有些差异。这种方式没有什么问题，只是没有人过着平均的人生，更没有人是平均的中年人。中年大脑中发生的各种情况都有差异，所以有些人很幸运，有些人则不是。我们都知道人生不公平，但是这种不公平在中年时期变得格外严重。人们的希望、能力和成就在中年时期要么壮大，要么破灭，而且往往不是因为任何可能归咎于他们自身的错。

所以，别再看平均数了：个体的情况如何？究竟是什么决定了个体的大脑和心智在中年时期的变化？这意味着我们每个人在五六十岁时都能期待什么？进化将超级供应者和文化传承者的角色强加在我们中年人身上，我们各自要怎样适应这些角色？

中年时期，不公平的状况屡见不鲜。有些人在生活中取得了惊人的成就，有些人却没有，而中年正是我们必须接受这个事实的时候。毕竟，在剩下的几十年里，可以改变情势的概率会不断降低。到目前为止，我对人类心智的许多方面都非常乐观，但中年时期的心智虽然可能进步，但也可能退化。此外，进步和退化的情况在中年时期似乎会延续下去，人与人之间的差异也会因此不减反增。

不公平本质上无法预测。然而，研究表明，有一些共同因素有助于保持活跃的中年心智。有几项因素可以控制，但我们对许多因素无能为力。以下是可以控制的几项因素：

一、处在社会阶层的上层。社会经济地位对中年及之后的整体身体健康状况，有着显著的正面影响，而这对心理表现和稳定性似乎有很强的间接影响。例如，众所周知，我们知道重大的身体疾病会造成严重的认知能力衰退。同样地，抑郁症发作之后复发的情况，更有可能发生在也有身体疾病的人身上，或是社会经济地位比较低的人身上。由于这些效应，许多发达国家的居民的社会经济地位、健康状况、中年幸福感都参差不齐。

二、受教育的时间长。社会经济地位和教育有着强烈的相关性。研究者喜欢研究受教育状况，因为这项因素相对比较容易衡量。只要问受试者在校时间到什么时候，就能了解简单、明确又有用的数字，可以用于统计计算。受教育程度和身体健康、正面情绪，以及晚年认知能力的维持有明确的关联。虽然因果关系有争议，但分析表明，受过良好教育的人做出的生活选择，会让他们中年时身体更健康，进而提升中年人的心理功能（尽管这并不能排除受教育时间比较长的人，他们的认知能力有可能注定比较好，也无法排除教育过程本身可能直接促进中年的有益心理过程）。另一种现象是双语能力，或许多少算是受教育的一部分。拥有双语能力已经被证明能提供清晰的认知优势，尤其是在注意力方面。值得注意的是，这种正面效应会延续到中年时期。

三、有工作。虽然很难切割就业和社会经济地位、教育的影响，但是有些证据证明，收入较高的白领工作通常会促使认知维持弹性。或许我可以换句话说，耗费心力的工作不会让中年人陷入僵化。研究也显示，中年时期工作对女性特别有益，许多女性照顾子女一段时间之后"重见天日"，进入劳动力市场。然而，研究也显示，工作和许多事一样，应该适度。有明确的证据显示，长时间工作（每周不止40小时，而是55小时）可能对中年人的推理和语言测试表现产生负面影响。

四、身边的人能肯定你。社会观感对中年人如何看待自己的工作成就非常重要。虽然生命很少在中年结束，但是职业生涯常常在中年画下句号，并且职场常常是年龄歧视的温床。年龄歧视会对人身机能产生可以测量的实质影响，有些研究显著显示，如果老年人在测试之前看到和老年人能力有关的正面影像，那么他们的认知测试表现会更好。

五、身为女性。性别是影响中年认知转变的一项主要因素。虽然中年人的情绪和心理健康的改变对女性和男性一样不利，但认知的改变可能会使女性受益更多。女性在中年的认知能力进展，似乎稍稍胜过男性，而女性也稍晚才达到"认知之丘"的巅峰。中年女性认知的某些方面（例如，感知速度）提升得比较少，但是这些可能反映了两性之间独特的进化适应差异。由简单的观察可以清楚地看出，女性的身体不适合在广阔的地域范围内狩猎和采集，所以女性的大脑比较不适应这类活动，也就不足为奇了。而这些古代人类的惯有活动之间的差异，也可能解释了认知技能中的性别差异。就像在生活中的其他阶段一样，中年女性在语言、语义任务上表现更好，而男性则在视觉、空间任务上表现更佳。

六、保持健康。虽然我们对自己的性别无能为力，或许也对自己的社会经济地位、就业状态和受教育程度无能为力，但生活中有一个方面影响中年人的心态，你可以主动改变，那就是身体健康。中年时期的健康状况显然有不少"无法控制"的遗传和社会因素，但有意识的改变至少可以改善它。有些身体健康和心智能力之间的关联意外地明显，例如肥胖就和语义记忆（指我们对周围世界一般的、日常的、客观的记忆）减退有关。相反地，体能活动和中年人的认知功能关联更加密切，休闲活动也需要社交或认知能力。心血管健康也和认知功能较强有关，例如有些尚未引起明显症状的心血管变化（包括高血压），仍会对心智功能有负面影响。不出所料，血液循环中的胆固醇水平和中年人的认知功能衰退有关，不过进入老年之后，这种关联性就消失了。可能是因为数量众多的心血管疾病患者在中年时期过世，所以，老年人群体已经排除了心血管疾病损害大脑功能的倾向。

七、饮酒。饮酒对心智运作有超乎想象的影响，有些影响会让贪杯的人深受安慰。虽然酒精与肥胖和健康不佳有明显的关联，而且也可能让身心健康有问题的人产生化学依赖，但酒精恐怕不完全是个反派角色。例如，初步证据表明，酒精能略微降低某些人罹患心血管疾病的风险。有些研究显示，每星期至少喝一杯含酒精的饮料，能改善中年人在各种认知测试中的表现，并增强认知灵活性，甚至增强认知速度（当然不是喝酒之后立即有效果）。酒精可能的益处似乎在女性身上更为明显；而且值得注意的是，大量饮酒（超过英国政府建议的饮酒量）仍然有同样的效果。这些发现表明，我们探讨中年人摄取酒精时，需要采用成熟的方法——酒大概是人类在进化过程中，最常接触到的自然药物。我们在古代偶尔食用发酵水果的行为，会在基因里留下有益的传承吗？

八、拥有优秀的父母。最后，认知能力是一种遗传特性。如果说人类会对心智能力的哪个方面避而不提，那么一定是这个概念。许多人听到智力（促使我们成功的主要特质）部分地受遗传基因控制，都会有点儿不安。因此，对这项议题的讨论常常会变得情绪化，这种情形在其他科学领域很少发生。然而，如果认知能力对人类那么重要，却又不能在某种程度上遗传，那么就很奇怪了。毕竟，另一种做法是，把认知能力当作打乱发展中的人和环境互动的不定性的产物。认知能力是人类这个物种固有的特质，所以在某种程度上也是所有人身上理所当然应有的特质，像其他事物一样，被滴答作响的基因发育的"生命时钟"施加在我们身上。事实上，有些研究者提出的证据显示，中年人的认知能力是人类具有遗传性的特质之一。基因遗传随性地将某些人类特质不平等、不公平地分配给不同的人，这些人类特质的清单包括美貌、健康和衰老的速度，现在我们可以把中年认知能力也添加到这张清单上了。

中年的心智十分符合中年人的三个特征：明确、独特，而且有些心智变化可能很突然。然而，无论中年人的心智最终如何，我们都必须在中年时期退后一步，探索所有这些神经、精神与情绪改变对我们本身有什么意义，以及对人类社会有什么意义。拥有中年人的心智是什么感觉？为什么这样会让中年人擅长他们所做的事情——他们如何有效地提供资源、与人沟通，为什么他们看似统治了世界？在思考这些问题时，我们也将看到中年人的行为如何起源于古代人类的日常生活。

在探索的过程中，我们要记得，中年人的心智并不是孤立存在的。世界上也到处都是中年人之外的人，年轻人和中年人的完美互补因此变得显而易见。我们将看到，一旦破除了人们对于中年的某些陈腐观念，采用一种更具进化性的方法来探讨，那么在人类的奋斗历程中，中年人所扮演的角色就更加清晰了。

中年让人变得固执己见、易怒的说法，正是这类陈腐观念的代表例子。许多早期的研究强调，中年人面对分歧的时候，更倾向于坚持己见，也偏好维持现有的常规和程序。也有人声称这种死板的态度，加上误判别人态度的倾向（尤其是误判年轻人的态度，年轻人常常被这种明显的固执激怒），造成了人类社会许多的冲突。

然而，我们已经看到，中年人的确常有优越的认知能力，情绪的反应可能比较小，对其他人的情绪也没那么敏感。那么，如果中年人的确固执己见，我认为这是出于一个良好的进化诱因。中年人控制了人类社会的大多数日常活动（即使那些显然是由"长者"集团统治的社会也一样），所以他们的果断与坚持有助于维护自身的既得利益。另外，如果中年人的主要功能是传递文化（广义上）给年轻一代，那么在某个阶段，他们必须"固定"自身认知中需要传承的文化的内涵。中年人必须将自己眼中能代表人类文化的事物，连贯不变地传承下去，所以技术、科技、态度、信仰和艺术，就必须在某个阶段整理成固定的形式，才能有效地传授给后代。然而，因为中年人倾向于"固定"自己对文化的看法，他们有时在年轻人眼里会显得暴躁又顽固。事实上，某些古怪的行为似乎被中年人视为正常的，如果男女伴侣接受、模仿并强化彼此古怪的怪癖，这个过程会进一步加剧——这个过程有个很奇妙的名字："行为传染"。

也就是说，有些研究表明，中年人实际上并不像从前声称的那么无法变通，或者他们不知变通的情形其实很轻微。事实上，有些证据表明，在整个中年时期，人们会变得更加讨厌风险，因此不那么热衷于做出独立的决定。所以，如果他们真的变得固执己见，那是因为他们发展出一种倾向，想在做出决定之前固执地寻求共识，这和中年人常常被指控的专横独断大不相同。

中年大脑在改变自我坚持和做决定的方式之外，也擅长将注意力转向内在。发展出自我批判的能力通常有益，偶尔有害，但不论如何都是成长为完整人类时不可或缺的过程。事实上，分析自己的能力和弱点、成功和失败，以及剖析自己的思考过程的能力，是人类生活的关键部分。如果一个成年人在一项任务中失败了，那么他们的即时反应不是固执地再试一次，而是花时间认真思考自己的表现，思考哪里出了错，未来怎样才能成功。

中年时期，这种自我分析进入了一个新境界。中年人常思考

40 岁之后感知能力的丧失（有些人甚至觉得自己有写书的冲动）。不过，中年的某些状况的确会激起这样的自我反省。例如，从工作和成就的角度来看，中年是最具挑战性的人生阶段——中年人常常觉得他们还需要富有成效地工作许多年（这点有别于老年人）。但是担心他们的身体和心智逐渐衰退（这点有别于年轻人）。另外，第二次世界大战之后的几十年间，占主导地位的隐性的雇主雇员之间的永久契约、支持性就业，以及慷慨的老年条款已经消失，让今天的中年人的处境出乎意料地危险。中年人在年轻时往往对自己的能力和活力有一种扭曲的乐观看法，所有自我怀疑也会因为这项事实更加恶化。事实上，研究显示，虽然中年人还能清楚记得 5 年前的生活是什么样子，但他们对 20 年前的生活的记忆却常常很模糊，这意味着中年人可能会把自己和并不存在的辉煌过去相比较。

　　当然，所有这些自我批判和担忧的反面，是中年人能看清自己的强项，并将注意力集中在积极的方面，无论他们看清了什么。而社会经济地位和工作性质，对于人们如何看待中年似乎影响很大。蓝领工作者通常说中年开始于 40 岁，白领工作者则倾向于选择一个接近 50 岁的数字，这表明中年不仅是一系列独特的生物变化，在不同的时间不着痕迹地发生在不同的人身上而且中年似乎也是一种心智状态。

　　自我分析也是中年人和年轻人成功互动的关键，很难充分强调这种互动作用对我们这个物种持续成功的重要性。正是截然不同的两类人群（青少年／年轻人和中年人）持续相互作用，才缔造了人类社会和文化。纵观人类历史，年轻人一直擅长求新、创新和文化变革，中年人则擅长分析、计划、组织和文化延续。这种思考方式的专门化，并不是社会强加的结果。我们的大脑在不同生命阶段会发生结构和功能的改变，而思考方式的专门化是脑部变化不可避免的结果。年轻时，你不得不有颗年轻的大脑，就像你同样无法阻止你的大脑进入中年。在整个成年生活中，人类大脑的持续发育是无法选择的——它是不可磨灭地印到你的基因里的概念。正因为如此，直到今天，在人类的两大年龄群体之间，仍然存在一种不安、永无止境的权威之争——年轻人试图改变现状，而中年人则努力延续过去最有效的做法。

中年人要参与这种争夺，就得跟上更年轻、更聪明、反应更快的人，时常还得领先他们。但该怎么办呢？我认为，中年人不是靠"经验"胜过年轻人，而是靠我们可以称为"洞察力"的特质。研究证实，中年人特别擅长"见树也见林"。实验显示，他们可以在脑子里储存大批量的信息，也可以"退后一步"，从全局思考事情的来龙去脉，而不是被细节迷惑。例如，从中年打字员处得到的证据显示，虽然他们打字的速度不像以前那么快，但大脑中可以记住的字符串更长了。针对中年工程师的研究表明，他们更能筛选新信息，简化问题，避免混淆。中年推销员被证明可以随着年龄增长，自然地发展出量身定做的全新的推销方式，使他们自身更成功。

所有这些适应行为都能减少脑力工作需要的能量，正如我们之前看到的，中年人的能量效率非常高。中年人也更擅长委派工作和职责，可能是因为他们拥有全面的洞察力，使他们更容易引导其他人，尤其是年轻人（管理顾问喜欢研究这类事情）。他们发现不仅解释需要做什么很容易，而且也知道为什么特定的任务对于共同努力的成功是重要的。古代人类的生活离不开合作，部落为了达成共同目标而合作，很清楚中年人和年轻人有不同的贡献技能。新发现的中年视角还有另一个好处：让中年人很容易确定优先级和目标，这项能力我们从前称之为"智慧"。

这么多的中年行为（身为中年人是什么样的，或是和中年人互动是什么样的）可以追溯进化史。例如，我们认为，中年男人的主要职责是暂时离开部落，努力获取资源。这或许解释了为什么中年人在周末喜欢离开家，处理他们最喜欢的事务，有时独自一人，有时沉浸在清一色男性友人融洽、放松的氛围中，待在河岸边、运动场、车库，特别是心爱的小屋里聚会。

或许有人担心，中年的这种认知改变和代际冲突会阻碍人类的进步，尤其在现代世界，文化变革的速度太快，年轻人和中年人之间的分歧被剧烈地放大了。尽管如此，我仍然认为这种代际冲突是有益的——它产生了人类生活中持续不断的富有生产性和创造性的张力。没有年轻人，很少有人会改变。但是，没有中年人，就没有了文化记忆，人类的生活将会变得混乱。有益的人生必须是变化与延续之间的平衡。毕竟，如果年轻人不反叛老一代，那么他们的时间该用来做什么？

Part Ⅲ

年龄越大，胆子越大
40岁之后的恋情、爱、性、婴儿和人生

OLDER AND BOLDER

Romance, love, sex, babies and life after forty

亚伯拉罕就俯伏在地喜笑，心里说："一百岁的人了，还能得孩子吗？撒拉已经九十岁了，还能生养吗？"

——《创世记》17:17

性事告终？（概论）

The end of sex? (An introduction)

人类古怪至极，最明显的就是在性与爱的困境中挣扎。想要了解中年人的性事更是一项艰巨的任务，因为有太多人类的独有特质在性与爱中汇聚、冲突。中年人的性事既没有美妙到令人沉溺，又没有使人生厌到退避三舍，所以我们通常只是开玩笑。中年人的性与爱，仍然是混乱的冲突力量纠缠在一起，支配着我们人生当中的几十年。

我们得花最后六章解开这个结，不过核心的矛盾其实很简单。人类40岁之后生的宝宝，远远少于40岁之前的20年间，而且向来都是如此。然而，我们常常活到这个年龄的两倍，正如我们早些时候看到的，人类历史的大部分时期都是如此。那么，40岁之后的性和男女关系是什么样子呢？不会再生孩子了，那么性还有什么意义？

我们之后会看到，中年时期的恋情和性终于排除了生育的意义，就此揭露了人类性状态真正的本质。一旦性失去了孕育子女的功能，剩下的就是人性。

在探讨这些问题时，我会继续运用进化生物学方法，因为描写人类这个物种极其古怪的特质，让我们能够最全面地理解生活对我们的影响。今天的中年关系是数百万年自然选择的直接结果，自然选择淘汰一些人，让另一些人茁壮成长。我们是幸存下来的古代人类的后代，我们的祖先能幸存下来，是因为他们获得了某些强烈的推动力。所有这些残酷进化的一项引人注目的结果是，男性与女性变得非常不同，两性之间的差别大得夸张。我们追求不同的事物，我们的需求不同，以完全不同的方式对待生活。有时男女之间会发生冲突。

在接下来的几章中，我们会叙述到，中年时期生育潜力逐渐减弱的时候，性行为、女性的性生活、男性的性生活，以及生育能力，这四种基本的生殖驱动力发生了什么。最后，我们会把注意力转向这些变化如何影响家庭和恋爱关系本身。

那么，中年人的性行为有多频繁呢？简单来说，他们的性行为恐怕比年轻人想象得频繁。

20世纪四五十年代，美国对性行为进行的早期研究显示，异性恋伴侣从青年时期到中年时期，性生活的频率急剧下降。有趣的是，伴侣之间所有可能的性行为之中，阴道性交（最有可能产生后代的性行为）减少的幅度似乎最大。当然，从不同的视角来看，这表明随着人类年龄的增长，不会孕育子女的性行为有选择性地被保留了下来。显然，别的什么取代了生育，成为进行性行为的主要原因。我们稍后会回来讨论这个想法。

最近的一些研究是专门针对中年人的。一项美国研究表明，在离开"中年"的人群（57—65岁）中，有73%的人表示他们的性生活很活跃，但这个数字在20年之后下降到26%。不过要知道，那项研究也显示，年轻人的性生活未必像人们想象得那么活跃，因此对比之下，中年人的性生活可能算是生气勃勃了。

然而，虽然还有性，但并不表示性行为像从前一样频繁。在针对长期婚姻的回顾性研究中，性行为的频率据说在第一年会大幅度下降，降幅高达50%。在早期阶段，没有婚前性行为的夫妻，性生活频率似乎下降得更快。如果不考虑结婚日期，而以性关系开始的日期作为起始点，那么性生活频率似乎下降得更剧烈。如果这还不够，那么最初的下降之后就会被认为紧随着性生活频率的二度减半，尽管在接下来的20年里，发生的速度要慢得多。

充其量，这些只是平均数字，有人怀疑，即使真是如此，个别夫妻的性生活往往会大大偏离这项结果。随着年龄增长，除了性关系的时间长度之外，还有一些因素会影响性行为的频率。例如，健康的中年夫妻和不健康的夫妻比起来，表现出"性趣"的比例多了50%—80%，而老年人常常把性行为频率低归因于健康恶化。对于女性，停经被认为是一项重要因素，不过停经对性生活的影响仍然存在争议。实际年龄和停经的影响格外难以理清，有些人认为停经根本没有直接的影响。另一个可能的因素是为人父母——常有人主张，有孩子会使性行为频率急剧下降，数据确实表明这是真实的影响，而且不是短期的，是永久的。其他有趣的发现包括，不同种族的夫妻比同种族的夫妻更常有性行为，并且争吵更多的夫妻也更常有性行为。此外，孕育子女的强烈意愿的确会增加性行为的频率，但是效果出奇地不好，即使比较年轻的成年人也一样。看起来就像人类在某种程度上将性欲和生育的冲动分离开来，从进化的视角来看，这是很危险的趋势。自然选择通常不会青睐对生育持顺其自然态度的动物。

事实上，人类真正想要多少性，也是个重要问题。如果中年人的性行为频率只是年轻人的一半，也许这反映了性欲减退，尽管这里的数据令人困惑。性行为的一个方面——阴道性交行为的频率，和女性的关系满意度有高度的相关性。这种行为与女性表述的亲密感、信任和爱也有强烈的关联。然而，在澳大利亚的一项研究中，直截了当地询问40—49岁女性对性的看法时，有超过四分之一的受访者声称，她们并不关心自己的性生活频率。同时，虽然研究表明，男性更容易为性行为频率降低而遗憾，但是女性更倾向于担心性生活的"质量"。达到性高潮的能力对女性也很重要，但是这究竟是为了性高潮本身，还是因为它通常代表着非常重要的阴道性交的"成功"顶峰，还没有定论。因此，我们对于性行为频率还没有明确的结论，尽管很明显，人们渴望的性和他们获得的性一样重要。如果性行为的频率符合期待，那么两性都会更快乐。

不论研究表明了什么，应该强调的是，几乎所有针对性行为频率的研究，研究对象都是身处现代化、后农业时代与后工业时代社会的人类。这也是理所当然的，但是我们已经看到，人类生活在人类历史的大部分时期都是非常不同的，我们是早期时代的进化产物，现在却出生在一个崭新而"不自然"的环境中。正因为如此，我们在现代中年人性行为中看到的许多趋势，其实都是我们所处的环境和社会造成的反常人工副作用。然而，我们对史前的性行为几乎一无所知，所以我们真的不知道它和当代中年情欲有什么不同。

不论人们怎么诠释这些数据，有一件事是确定的——如今，现代人的性行为在中年时期变得不怎么频繁了。这就引出了一个重要的问题：为什么？

人类进行性行为的原因非常多样，这在动物界绝无仅有。而其他的灵长类动物，具备各种各样的非生产性的、社会的因素进行性行为，但是人类性行为动机的绝对多样性仍然是惊人的。除了孕育后代之外，性行为还可以加强浪漫关系，改善（至少改变）他们的自我感觉，或是为了享乐，让自己远离疼痛或悲伤，为了叛逆，为了实验，为了赚钱，为了表示支配或服从，为了开启新的沟通方式，为了排解无聊……这个清单几乎无穷无尽。也因此，人类常常在无关于生育的时机下发生性行为——女性生理周期中不会受孕的阶段、孕期，甚至停经之后。或许80%或90%的人类性行为发生在不可能受孕的时机，这在任何其他物种看来都是相当荒谬的能量消耗（雌红鹿一年可能只交配一次，尽管性生活平淡，但是仍会一年产下一只小鹿）。人类性行为背后的动机复杂得惊人，使得调查中年时期性行为频率下降的实情更为困难。这些动机中的哪一个正在消失？

身体和心理改变之间的关系尤其复杂。许多性生活存在问题的中年夫妇，都不知道这些问题是否有生理或心理原因，或者两种原因都有。现在我们知道为什么如此——许多动物的性行为，是脑部可预期的原始讯号驱动的身体活动，但人类的性行为并不是这样的一种简单的身体活动。相反，人类的性行为几乎完全发生在大脑内部。我们进行性行为主要是为了情感、社会或心理的原因，所以，也难怪要区分性和思想那么困难。中年人可能会觉得他们性生活的主要问题是生理问题（女性：39%是阴道干燥，34%是缺乏性高潮；男性：37%是勃起障碍），但是事实未必是这样的。男性特别不愿意接受中年性生活的变化有生理之外的原因，而女性更容易接受心理层面的原因（例如，43%的女性指出，"欲望降低"是她们性行为减少的一项原因）。男性的态度很简单，不自省，更多的是宿命论的态度。他们更愿意接受这样一种观点，生理性的性功能衰退在中年时期不可避免，这种衰退或许会让他们觉得自己缺少男子气概。女性的担忧更为多样化，包括担心失去吸引力，担心生活的其他方面，以及担心变老。然而，她们也更能接受，性行为频率下降未必会对她们的女性气质有不良影响。

虽然我认为，中年时期性生活生理方面的改变相较之下并不重要，但是它确实起作用了。首先，在大多数哺乳类动物身上负责控制性行为的，是大脑深处的细胞簇，叫作"下视丘神经元"（hypo thalamic neuron），这种细胞会随着年龄增长而减少。然而，这些细胞对人类的重要性可能很有限，因为在我们这个物种中，对性的"心理化"的驱动，已经使其他更大、更复杂、更有弹性的大脑区域进入我们的精神性领域。

中年时期性生活改变的第二种情况，是进入大脑的性信息质量下降。我们由五官接受性刺激，而我们先前已经看到，中年时期的视觉、听觉、嗅觉和味觉失去了敏锐性。另外，触觉对性兴奋尤其重要，却下降得最剧烈，我们分辨细微触觉刺激的能力在中年时期会下降一半。

第三种生理变化常被认为是中年时期性生活改变的基础，那就是激素水平的下降。例如，平均来说，血液里的雄性激素［例如睾酮（testosterone）］水平，会在男性成年之后逐渐下降，尽管不像女性停经时雌性激素水平骤然下降那么突然。然而，我们之后会看到，这种下降并不是在所有男性身上都表现得一致，而且未必是坏事。在实验调查中，雄性激素水平高也和富有侵略性、低成就、被女性评为糟糕的性伴侣或配偶有关。

所以，性行为频率下降的生理原因其实被高估了，而且根本没有普遍性。许多中年人的性生活很活跃，有些甚至比年轻时还要活跃，他们对性生活的满意度通常比较高。大部分中年人的性生理系统处于合理的运行状态，绝对不足以形成障碍，所以，两性的生理机制似乎不太可能在中年时期衰退到无法运作的状态。"生命时钟"（引导我们直到中年仍持续发育的遗传程序）让这些性机制在夫妻失去孕育孩子的能力之后，仍然能继续良好运作。再一次，这项证据能明确证实，人类性行为的意义远远不止是生育。

相反地，性的心理层面最容易改变。与性衰老有关的心智运作和性交的机制不同，极度复杂。研究中年人对性生活改变的反应时，他们的反应让我们得以一窥盘踞其心里的曲折思考过程。例如，中年女性常说，她们担心自己不再吸引人，或阴道肌肉松弛，因而会让伴侣对性生活失望。男性很少把这些当作问题，但他们的确认为，伴侣在性交时看起来不享受或没反应是个问题。中年男性常常担心勃起功能衰退，然而，这种心态造成的压力，本身就可能导致勃起障碍。许多女性抱怨，她们最担心的并不是伴侣意识到勃起问题，而是这种意识使得伴侣对性交和亲密关系望而却步。由此可见，大脑处理性衰老的能力显然不如身体。

中年时期性生活频率降低常涉及一个主题，那就是我们对衰老本身的看法。当然了，衰老本来就是不平衡的过程，我们都知道衰老容易降低人的魅力。有些人在中年尾声时仍然迷人，而有些人早在40岁就明显衰老了。虽然研究显示，脸部的吸引力比身体的吸引力持久，但无论是脸还是身体，吸引力最终都会下滑。在此，我们可以看到许多人会想逃避的三个问题：中年人的性生活减少，是因为他们觉得伴侣没那么迷人了吗？还是因为他们认为伴侣觉得他们没那么迷人了？或者是因为他们觉得自己没那么迷人，所以很少有心情做爱？

这些问题之所以令人不快，其中一项原因是我们都知道衰老对女性特别不公平。我们总是看到男性演员和新闻播报员的职业生涯比女性从业者更长。有些研究证实，年龄增长对女性魅力的影响多于男性（评估者有男有女），更印证了这个说法。男性比女性更容易接受皱纹和灰发，但是为什么呢？有人认为是西方媒体把我们推入了这种局面。但是从古至今世界各地都迷恋女性的青春，这种情况看来更可能反映我们脑中根深蒂固的喜好。

进化论指出，男女在异性伴侣身上寻求的是不同的东西。这样的差异源自两性对后代投入程度的差异。要成功养育一个孩子（这是自然选择的重点），女性必须投入大量的时间、精力和关注，别无选择。男性要达到同样的目的，则有一系列选择。男性可以在一名女性的子女身上大量投资，或者，他也可以更广泛地传播基因，在每个后代身上投资相对较少的资源，也可以走中间道路，两者都试一下。因为雌性动物必须投资那么多，所以许多种动物已经发展出一套性生态学，使得重要资源（例如食物和住所）的多寡支配了雌性的行为。雄性虽然表现相同，但是对雄性而言，最重要的资源是雌性。

由于这些天生的差异，在大多数人类文化中，女性都青睐具有所有的健康遗传特征（高大、英俊、阳刚、脸部和身体对称）的男性，而且有迹象显示她们已经准备好投资自己的孩子（地位、智力、情感承诺）。男性的年龄相对来说不重要，因为男性一生都有生育能力。比较年长的男性显然更善于生存，可能也累积了更多的获取资源的能力，这项特质本身就很吸引人。这种吸引力当然有限，因为60岁以上的男性很可能在子女仍然需要资源时就死去了。而且，非常老的男性可能借着在重要事物上投资较少（例如生育），才活到高龄。不过，无论怎么看，中年男性在理论上是性感的，因为他们保留了年轻人的大部分优势，同时也拥有迷人的年龄特质。

男性寻找伴侣的根据则完全不同。首先，如果他们只打算在一个孩子身上投资几毫升的精子，然后按理论来说，他们相对而言应该比较不在意孩子生母的特质。更可能的状况是，如果他们打算在子女身上投资一定的资源，那么会偏好有健康遗传特征的女性（美丽、有女性气质、脸孔和身体对称）并有可能在未来成功生育（富有曲线美的脂肪沉积、年轻的乳房、大致上是年轻的），以及性关系忠诚。而这就是生活对女性不公平的地方了——男性受女性吸引，和她们过去的生活轨迹无关，而是因为她们的潜力——如果一个女性是年轻的，她毫无争议地拥有更多的生育潜力，距离失去生育能力的时间比较久。所以，根本就不公平，人们看待中年男女的角度天生就不同。事实上，有些中年女性抱怨，她们在异性眼里，甚至在社交上都变"隐形"了。

人们如何看待男性气概与女性气质，在中年时期恰好也对女性不利。男性气概和女性气质这两个名词听起来像是模糊的术语，但我指的是一些信息（通常是视觉信息），我们觉得某些人很有吸引力，是因为某些视觉信息明确显示他们的性别特质。男性气概的信息包括发达的肌肉、突出的下巴、宽阔的胸膛、脸部毛发和低沉的声音，进入中年的时候，这些特质都不会受到多少影响。女性气质的信息则包括线条柔和的脸、洁净光滑的肌肤、浓密的头发、肌肉不发达、有腰身、四肢圆润。事实上，其中许多都是我们眼中和年轻有关的信息。中年时期，衰老会直接冲击这些女性特质。

然而，虽然到了中年，两性的前景开始显得截然不同，却有其他的影响在起作用，可能让双方扯平一点。第一项因素是，男性可能会把智力视为女性遗传健康的指标。我们之前看过，中年时期的认知能力很可能上升，而且女性或许尤其明显，所以女性吸引力的这个部分有可能变得更重要。第二项因素是，许多男性做出"高尚"

的选择，单独在一名女性的后代身上投入大量资源。这种"一夫一妻制"是不是人类男性的正常状态，我们之后会再讨论。但是，任何延长父亲投资子女的倾向，都会使得男性族群更欣赏那些与他们共度大部分人生的中年女性。第三项会让男女"扯平"的因素，在某种程度上来说，与第二项相反，那就是女性的行为表现可能常常比男性预期的更为短暂。有些接近生育年限的女性会冒险做出最终的、投机性的尝试，和具有遗传优势的男性发生性行为，尽管她不指望那名男性会投资她的孩子。我们在之后的一章里会看到，她们的行为或许有些道理。

　　那么，中年时期的性行为频率减少，真的是因为失去吸引力吗？对这一点，我很怀疑。值得注意的是，男性和女性都觉得中年异性很有吸引力，尽管目前还没有任何研究支持这种论点，但是我猜想，随着自身步入中年，人们也更倾向于认为中年人具有吸引力。20年前，我不会想和40岁的人结婚，但是今天我非常满意这样的状况。进一步推想，有没有可能中年人经历了一种特别的心理变化，在爱情和性方面改变、更新了他们欣赏伴侣的眼光，因此，尽管岁月流逝，但是他们仍然觉得自己的伴侣很迷人？我不知道这种改变有什么神经机制，不过这在进化学上十分合理。一对夫妻可以在40岁时怀孕生子，照顾孩子到60岁，他们在伴侣身上投资了很多，也和伴侣一同投资了很多，所以他们的大脑在那段时间自我更新，使得伴侣在他们心目中还像以往一样迷人。

　　中年人经常被误以为对性无能为力，但显然除了性行为频率会部分下降以外（情况因人而异），中年人的性生活其实意外活跃，而且在中年与其他年龄层的异性眼中，意外地迷人。他们还能恣意享受进化给我们的一个小恩赐。大部分动物的性行为很短暂，有些哺乳动物的性行为常常不到一秒，不过人类可以持续很久，而且过程愉悦——人类这种动物有很多天敌等着趁他们不备时吞下他们。所以对人类而言，性行为的时间其实长得惊人。人类性交的悠闲，在很大程度上说明了非生育的、社会的、心理的目的——人类性交需要很长时间，是因为其他目的非常重要。性的实质功能大幅度衰退，当然意味着，中年人的性生活时间比其他年龄段的人都要长——很少有人会为此抱怨。

然而，事实仍然是，在中年时期，性行为变得不那么频繁了，这种情况明显的影响就是怀孕的可能性变低了。但是，为什么人类要有内在的限制，用这种方式降低生育能力呢？这可能听起来很奇怪，但是，正如我们将看到的，这样自我限制生育能力其实很典型，它是人类五六十岁时的绝对生命主题。

为什么女人的生育力就这么结束了？

Why does women's reproduction just "switch off"?

> 停经和其他灵长类雌性生殖力衰退的情况有根本的不同。
>
> ——琳达·玛丽·费地根（Linda Marie Fedigan）与
> 玛莉·帕弗卡（Mary Pavelka），
> 《停经的体质人类学》（*The Physical Anthropology of Menopause*），1994 年

我们之前讨论中年时，一直刻意忽略停经这个显而易见的事实。不过我们再也无法回避了。

停经在我们文化中有着曲折的历史，既被视为"雌激素不足"的症状，乱交或教育程度低落的惩罚，自找的不孕，没能支持丈夫和家庭的惩罚，需要药物干预的身体失调，甚至有一位 20 世纪女科学家说是"部分死亡"。常有人认为男性也应该畏惧更年期，因为

大自然借此，明确无情地提醒他们自己也会衰老、死亡。

　　不过，停经会引起我的兴趣，是因为它从生物学的观点看起来很迷人，停经的种种方面都异乎寻常，而且在种种方面证实了我一直以来对中年的看法。停经符合明确、突然、独特的特征——没有其他过程比停经更固定地发生在中年，在时间上那么突然，又是人类独有的特征。虽然潮热的经验和激素替代疗法的意义很重要，不过如果只关注这些面向，则会错失停经的生物学意义。停经的自然历史能告诉我们不少人类物种起源的事。我希望借着质疑六个错误的假设，启发你开始用不同的目光看待停经。

误解一：大部分的雌性动物都会随着年龄增长而停止生殖

　　许多人思考这种事时，大概会认为大部分年老的雌性动物都会停止生殖，认为仁慈的大自然会让年长的生物免除生育和抚养后代的累人压力。不过，人类女性的生殖模式（25 年间的生育力都算不错，最后急剧下滑而终止）其实是个例外。比方说，科学家悉心照顾雌性牲畜，让它们活到老态龙钟的老年，然后发现，虽然它们生殖能力（发情周期的规律程度、受孕的概率、后代的活力）只会稍稍下降，但生殖寿命并不会突然结束，完全不会发生人类女性"生育力陡降"的那种突然状况。

　　或许有人觉得，和我们关系很近的动物应该有比较明显的更年期现象，的确，灵长类更年期的证据稍微有力一些。许多雌性灵长类的生殖力的确和人类一样，会随年纪升高而衰退，经过一个周期不规律、生殖力下降的阶段，最后停止生殖。不过，这不代表这些动物真正经历了"自然"的更年期，我们应该把这些发现放在这些动物生命历程的脉络之中。非人类的灵长类雌性，生殖力的终点难以预测、差异很大，而且常常发生在年纪极大的时候。那是一段逐渐衰退的过程的尾声，而人类女性的这个过程时间精准、可以预测，所以两者差异很大。最重要的是，那些物种的生殖力会维持到它们自然的平均寿命结束时，甚至更长——在野外，生殖力几乎永远不会消失。相反地，女性停经的平均年龄是50—52岁，我们在前面已经看到，人类自从出现以来，常常活到远超过这个岁数。所以，人类女性和其他灵长类的雌性不同，活到成年的女性大部分都会自然经历停经，而停经在她们的生命蓝图中加上了一个"后生殖期"的漫长新阶段，我们的类人猿近亲身上可没有这种现象。这种与众不同的现象当然需要有个解释。

如果停经是人类独有的，那么既然没得比较，应该很难研究。然而，的确有几种动物在死前很久会经历更年期，包括虎鲸和领航鲸。其实，更年期后的鲸鱼有时候活得比停经后的女性更久。我们之后再来看这些更年期的海洋生物。

误解二：停经是女性停止生育的时候

停经之后，女性就不能自然怀孕，不过女性通常在停经之前就已经无法怀孕了。

麻烦的是，停经只能靠着回溯来定义——12个月没有月经之后，才能将最后一次月经来潮视为停经的时间。定义会这么扭曲，是因为最后一次月经周期停止之前，通常会有几年不规则、不稳定的来潮。

排卵失败时，有时跳过一到数个周期，有时则是周期延长。与此同时，卵巢珍贵的卵子库存量逐渐减少，卵巢也渐渐萎缩。这种停经前的改变和停经不同，是断断续续的渐进过程。女性的周期时常走走停停，缓慢终止。

虽然有些改变是从30岁就开始的，但生育力在40岁之前不会受到太大的影响。在那之后，女性的生育力会降低到非常难怀孕的程度，这主要是因为她们的排卵周期太不可靠，所以不再能精心计划性交、排卵、受精、成功怀孕这个环环相扣的生物过程。

之后，我们会探讨发达国家生育年龄在最近的改变，不过女性生育力（女性怀孕的实际能力）的故事在世界各地都如出一辙。生育力通常在20岁左右达到巅峰，之后到40岁之间，只会缓慢下滑。接着生育力才会真的消失，这发生在中年时期的早期。再过至少十年才会停经，而生育这件事在更早之前就已停止（80%的女性在45—55岁之间停经）。虽然近年来生育年龄的趋势在改变，但是43岁之后生育的女性相较之下仍是少数；而停经通常发生在50岁之后。因此，停经时通常不是生育能力消失的时候——生育能力早已消失，停经只是确认了这件事。

误解三：停经发生在女性的卵子用完的时候

这一点很难解释。这件事容易令人混淆，何况我们其实不知道卵巢确切的运作方式。不过有件事倒是很清楚——停经时，卵巢里还有卵子。虽然不多，不过的确还有。甚至卵子减少会直接导致停经，也是误导性的说法。真想知道为什么少数那些看起来健康

（可能变成宝宝）的卵子不再能派上用场。

　　让我们想想数量的事吧。女性在15—55岁之间每月排出一个卵子，需要大约400个卵子。当然了，没有任何女性会那么准确。女性怀孕时，月经周期会停止；青春期和40岁以后，月经周期并不规则；有些月经周期会排出一个以上的卵子，或是根本没排出卵子；女性也会用避孕法抑制排卵。不过，我们仍然要记得400这个数字。虽然真正排出的卵子只有区区400个，不过女孩刚出生时，其实有几百万个卵子的库存；女性胎儿卵巢里的卵子就是这个数目。不过停经时，这数目只剩下小小一部分（大概几百吧？），那么其他几百万个卵子到哪儿去了？

　　要知道，女性库存的卵子之中，真正排出来（从一侧卵巢冒出来，进入输卵管）的非常少。大部分的卵子不是发育之后消失，就是根本还没发育就消失了——这个过程称为"萎缩"（atresia）。其实，青春期时卵子的数目已经削减到50万个以下，这时甚至还没开始排卵。萎缩的过程在接下来的几十年中毫不减缓，停经时剩下的卵子那么少，不是因为几百个卵子在排卵时释出，而是因为萎缩的过程。其实，如果40岁的女性可以设法停止萎缩的过程，那么她可能仍然会保留足够的卵子来维持1000年每个月排卵。

　　所以女性其实不会把卵子"用完"；有个受到严密控制的卵子死亡程序，小心地引导卵子的数量下降到月经周期无法持续的程度。我们现在才开始了解造成卵子萎缩的基因和机制，但这个程序显然必须经过非常精密的策划。削减数百万个卵子，使得卵子在一定年龄准确地降低到无法运作的数目，这样的成果令人叹为观止。在我看来，这似乎不是衰老的身体系统不协调的衰竭，否则，女性生育力停止的时间会远比现在不规则，有些女性则可能完全不会停止生育。相反地，萎缩是预先设定的规律现象，在停经之前就开始削减卵子，这是发育的"生命时钟"的表现。它决定了停经的时间，不是由粗略地将卵子耗尽来决定的。

误解四：停经是因为女性的卵子用光了

即使卵子的数量很少了，也不会直接导致停经。

藏有卵子的卵泡和脑部下方的脑垂体之间，消长的激素交互作用调节了月经周期。脑垂体分泌的激素称为"促性腺激素"（gonadotrophin），会刺激卵巢的卵泡成长，分泌自己的激素，包括雌激素和黄体素。这些卵巢的性激素接着反过来影响脑下垂腺，调节脑垂体分泌的促性腺激素。不过，停经时会发生很奇妙的事——剩下的卵泡就这么不再对促性腺激素做出响应了。这些卵泡看起来很健康，里面的卵子应该也算健康，但不论这些卵泡接收到多少促性腺激素，都不再分泌性激素了。

因此，血液中的卵巢性激素浓度下降（黄体素下降了99%，作用强大的雌激素下降了85%，睾酮则下降了29%）；随着脑垂体徒劳无功地努力想启动卵巢，血液中促性腺激素的浓度会大幅上升。这些剧烈的激素变化大概造成许多停经的症状，我之后会讨论停经的症状有哪些。不过重点还是，我们不晓得卵巢卵泡一开始为什么会不再回应促性腺激素。剩下的那一点卵泡有什么特别，是什么让那些卵泡不再回应促性腺激素？这问题很关键，因为这就是停经的原因。

为了找到答案，当然有必要探讨健康女性身上有没有任何因素会控制停经的时间。吸烟会使停经的时间提前，或许是因为吸烟对卵泡有直接的毒性效应，而酒精的影响并不显著。有些研究者发表的证据显示，19世纪时，营养充足让女性的停经延后发生；虽然这些发现没有被普遍接受，不过有趣的是，现代发达社会里，社会经济地位高的女性也会延后停经。

另外也有一些研究显示，排卵频率较低可以延后停经。例如，一生中怀孕、哺乳时间比较长的女性，停经的时间会稍晚一点。而女性如果25岁之前月经周期不规律，或是用避孕药抑制排卵，都会出现停经时间稍稍延后的类似情形。这些结果或许不令人意外，不过别忘了，让卵巢耗尽卵子的并不是排卵，而是萎缩。所以抑制排卵时，萎缩难道也稍微减缓了吗？考虑到这一点，许多人类学家认为，在发达国家观察到的生殖模式（女性生命中有30年的时间都在定期排卵）其实是很不自然的状况。例如，马利共和国（Mali）的多贡族（Dogon）女性大多时候都在怀孕或哺乳，因此许多人只会排卵100次。

越深入探讨停经的机制，这机制就显得越错综复杂。不过这么重要、突然而明确的人类现象，错综复杂也是当然的。例如，卵泡减少的模式，或许不止是逐步而受控制地衰退，最后变得不孕的过程。计算健康女性的卵泡数量很困难，不过目前已有证据显示，年轻女性的卵泡损耗缓慢，但在中年会加速，好像有个新的机制启动，以确保卵泡主动牺牲，让停经"准时"发生。相反地，科学家最近发现,人类成年时不只会失去卵子,还会制造卵子——卵巢里有干细胞会持续产生健康的新卵子和卵泡。补充卵泡库存量的过程或许缓慢,不过照理说,女性每月只需要一个卵子就能受孕。当然,如果发现这些干细胞在停经之后仍然会产生卵子,这现象或许就有重要的含义,表示年长的女性可能可以用人工恢复生育力。

停经后女性的生育力或许还有救的另一个原因,是生孩子需要的不只是卵巢。举例来说,研究显示,女性在停经之后,只要补充人工激素,子宫就仍有能力怀孕。另一方面,脑部和脑垂体似乎也积极参与了催促停经发生的过程。停经前的那几年,脑垂体和脑部对卵巢分泌的激素,以及脑部其他地方涌入的"促生育"化学物质的敏感度,似乎稍稍下降。因此,脑垂体可能过度分泌促性腺激素,损害中年早期卵巢里还存在的许多健康卵泡。因此,停经或许不只是卵巢的现象,也是脑部的现象。

不过,卵巢仍然令人大惑不解。为什么停经时剩下的少数卵泡不再回应脑垂体分泌的促性腺激素?它们怎么知道除了自己之外,还剩下多少卵泡?这些疑问使得一些研究者开始探讨卵巢如何"计算"剩下多少卵泡,因为卵巢似乎会做这种事。比方说,卵泡会分泌一种叫作"抑制素"(inhibin)的激素,抑制素的浓度会随着卵泡减少而降低,而停经前女性生育力不规律的下降,其实会受到抑制素浓度降低的影响。卵巢是用抑制素的浓度来合计剩下的卵泡数量的吗?这样的计算结果决定了什么时候停经吗?

至少可以确定一件事——不是因为卵子全用光了,所以才停经。

误解五：停经是普遍的负面经验

大家都知道停经对中年女性身体的影响，但为什么会有这些影响，这问题比较神秘。我们假设大部分的变化是因为卵巢的性激素浓度下降，脑垂体的促性腺激素浓度上升，不过这个假设有时似乎不足以解释停经时发生的事，或是不同女性经历更年期时为什么差异那么大。

有些影响相对而言比较简单明了。像是骨质疏松就说得通，雌激素可以维持骨质量，而促性腺激素可能降低骨质量，所以停经后骨头会变薄，髋骨和脊椎出现骨折的概率会增加。相比之下，停经时发生的其他改变，可能其实不是停经造成的，体形就是很好的例子。女性的体形在中年会变化，例如腰身"消失"；把这些变化视为缺乏雌激素的结果，看似是合理的假设，毕竟青春期发育出有曲线、有腰身的女性体形，就是受到这种激素驱动的。然而，一般性的中年趋势也很可能造成中年体形的改变，例如骨骼肌减少和脂肪分布改变。

停经也会影响心血管系统。潮热是停经的明显特征，也是他人眼里最明显的停经变化（潮热在英式英文里称为 hot flushes，美式英文则称为 hot flashes）。其实许多夫妻表示，二十多岁时的"热血伴侣"是男性，女性则在中年时接过这个角色。我们怀疑，潮热可能是促性腺激素分泌不规律造成的，不过我们对于潮热的成因其实知道的非常少。另一个原因不明的停经效应，是女性罹患心血管疾病的概率不再比男性低了，这情形时常被认为是激素改变的结果。不过停经之后，女性罹患心血管疾病的情形并没有"一飞冲天"，所以雌激素"保护"心脏的说法或许过分简化了。也许两性之间罹患心血管疾病概率的差距变小，其实是因为处于这一年龄段的男性罹患心血管疾病的概率稍稍下降，而不是因为停经有任何直接的效应。

最有争议的是停经对脑部的影响。虽然一般认为停经的女性比较容易忧郁，不过很少有证据能证明这个说法。其实，心理疾病的发生率似乎意外的不受这一时期剧烈的激素变化影响。停经或许会冲击认知，不过这一论点的争议也很大。切除卵巢与提取记忆的能力下降有关，有些研究者认为，这与雌激素会影响脑部某些路径有关，尽管如此，自然、自动发生的停经对认知的影响仍然不明。我们之前看过，中年的脑部不断在变化，因此停经时期的各种小症状，都可能被卷入这种脑部变化的大混战中。

乍看之下，停经似乎对女性的性生活有剧烈的影响。停经前，60.7%的女性说她们一周性交一次；停经时比例下降到52.7%；之后则是40.9%。然而，如果更仔细分析数据，这些趋势和年龄的关系会超过和停经的关系，毕竟停经后的女性比停经前的女性年纪大。其实有些研究显示，停经对女性的性欲或性满意度没有直接影响。许多女性甚至表示性欲变强，或许多少是因为女性不用再心烦怀孕和避孕了（这些发现的研究对象，是没用任何形式补充激素的女性）。中年女性性欲低落的情况，或许和压力、健康问题和对自己身体的感觉比较有关。停经可能有轻微的影响，因为停经带来激素浓度改变，如果这种改变影响了中年的身体，就可能进而影响中年女性对自己的感觉。我们之前也看到，激素常间接影响人类的脑部。

停经的生物过程受到很严密的控制，所以对不同人的影响差异很大，并不奇怪。有些女性停经时会受到许多严重的影响，例如失眠、心情转变、疲倦、严重的潮热，甚至记忆衰退，有些女性完全没有这些状况。不同文化里，停经的负面影响也不一样，例如发达国家的停经负面影响似乎比较严重。预期态度也很重要，症状的严重程度和停经前对停经的负面态度有强烈的相关性，即使本质上似乎只和生理有关的症状（例如潮热）也一样。停经时体内的生物学变化十分一致，所以女性个体间的差异既神秘又耐人寻味。或许这是因为人类有个倾向，即人类生理特征极多数的面向都集中在脑部，在演化的过程中人脑逐渐演进，最后对身体的控制程度惊人。我们也看过我们的头脑是多么独特，彼此之间的差异有多大了。

　　虽然十名女性之中，大约有一人停经时会有明显的负面效应，但许多女性的经验是正向的。她们可能会说，停经是有益的变化，让她们可以摆脱月经、生育和避孕，或者有点反高潮的意味，实际上不如预想的糟糕。研究显示，女性的观感会随着停经的过程而改变，她们渐渐不再把停经看成医学问题，而是自然的生命历程。另外，已经有孩子的女性似乎比较不怕停经。在许多人类社会里，停经被视为一种解脱，让女性不再遭受怀孕和生产的风险，停经女性的社会地位通常会攀升。某些文化认为，停经可以让女性不再那么威胁社会安定，也有些文化把停经视为她们生育服务的报偿。

误解六：现代女性活"太长"，所以才会停经？

　　我们之前讨论过，人类在历史中常常活到中年之后。因此，作为女性中年的关键特色之一，停经显然是人类生命蓝图中一个基本且独特的部分，在数百万年的演化过程中写进了我们的蓝图里。精密的控制和受到一致影响的诸多机制，都是停经的本质，而这代表停经是一个数百万年自然选择打造出的程序。停经不止是因为人类现在活得比一直以来"预设"的寿命更长。

那么，为什么灵长类之中，唯独人类演化出自然发生的更年期，以及在这之前生育力剧减呢？我们知道，自然选择会筛选出产下许多健康后代的个体，所以人类演化出让自己停止生育的系统，实在说不通。在久远的过去，为什么会是停止生育的女性人类最后产生比较多成功的孩子？

第一项理论指出，哺乳类的卵子有固定的寿命，"存活期限"大约是50年。这个理论认为，超过这个年限之后，卵子累积的损伤已经太多，不能再使用，所以女性不再排卵很合理。不过我对这个理论有些疑问。首先，除人类以外的哺乳动物的寿命几乎都不超过50岁，所以"存活期限"的理论其实无从检验。另外，这个理论也可以反过来说：卵子之所以无法保存超过50年，只是因为没有哺乳类动物能在50年之后生殖。最后，只因为许多卵子受损就停止生殖，听起来不合理。即使只有少数卵子完整无缺，女性还是应该让这些卵子受精，把握住从衰退的卵巢里再孕育出一个健康孩子的机会。

第二个理论是，女性停止生育是为了不和下一代产生性竞争。这个理论或许听起来不大可能（我们先前才反驳过一个类似的论点，也就是死亡的演化），不过人类两代之间性的"重叠"的确少得惊人。大部分的哺乳动物在青春期之后，就进入它们生命的主要部分（或许占了一生的80%），可以和任何年龄的个体繁殖；但人类极为漫长的一生中，却只有20年的时间能生育，而且很少和父母那一代或子女那一代的伴侣生小孩。然而，这个理论也一样"可逆"——我们可以说，人类没有两代之间繁殖的情况是停经的结果，而不是原因。此外，很难解释为什么阻止代际性行为对中年人有益，除非那样能阻止他们从子女怀中拖走可能的性伴侣。

下一个理论通常称为"母亲假说"，这理论提出停经的演化和人类生命蓝图其他部分的关联，所以比较可信。狩猎采集的人类（以及农业前的人类）在野外生存得很好，因为庞大的头脑让我们可以适应严酷、无法预料的环境状况。换句话说，人类太聪明了，在其他动物死亡的状态下，人类还能勉强存活。不过，我们得为那么庞大的头脑付出两个代价。首先，宝宝的头很大，所以生产的过程对人类女性有风险；其次，我们得花许多时间和资源养育头脑聪明的孩子。这些都是人类独有的问题。因此，有人认为人类女性演化出停经，是因为到了人生的某个时候，难产死亡会让亟须抚育的现有子女失去母亲的风险变得很高，超过生更多孩子的好处。与其死去时留下许多孩子挨饿，不如活着照顾几个健壮的孩子。这个理论比较有道理，而且有证据支持。工业化前的美国和现代发展中国家的数据显示，每多生一个子女，父母的寿命就会减短，而且对母亲（会经历停经）的影响比对父亲（不会经历停经）剧烈多了。这么看来，使女性停止生育而专注于抚育现有子女的压力其实不小。或许中年正是这种压力大到不堪承受的时候。

另外有两个"迷你"理论，让"母亲假说"显得更可信。第一，如果我们假设，母亲生产时死亡、后代畸形、死胎的可能性，都会随着女性年纪增大而增加，那么继续生育的好处会越来越少，所以利用停经让母亲专注照顾现有的健康子女，成为更吸引人的选择。第二个理论和男性有关。人类的父亲常常在照顾后代和提供资源上贡献很大，不过他们的贡献不如母亲可靠。男性不只比女性寿命短、容易发生意外，而且有的男性会抛弃原有的伴侣，投入其他女性的怀抱。因此，母亲接近中年时，其子女的父亲还在身边的概率会持续下降。所以身为子女的主要照顾者，她的重要性更高、更需要继续活下去。

人类停经的演化最知名的解释是"外祖母假说"（Grandmother Hypothesis），大概是因为这一假说让所有听到的外祖母有机会深表赞同。按这个理论，自然选择不只偏爱停止生育、活下来把后代养育到成年的女性，还有利于存活更久的女性。这些女性活得够久，可以帮助女儿照顾外孙。我们在前面看过，人类后代的需求很大，双亲的劳动力通常不足，无法替后代收集足够的资源，因此需要其他人帮忙。人类的食物取得不易，特别是在哺乳时期的女性，许多其他事务占据了时间，使她们无法大量取得这些食物。相较之下，停经后的外祖母不再需要做哺乳这种麻烦的工作，可以出去寻找食物。另外，有明确证据证明女性和男性一样，寻找食物的效率直到进入中年很久之后仍然在增加。外祖母假说有些不同的版本，特别强调了外祖母直接照顾其外孙的重要性。不过外祖母假说成不成立，"直接照顾"这点并不重要——替这些饥饿孙子的小嘴搜集食物就够了。外祖母仿佛代表了没有生育力的采集者，她们满足了少数有生育力的采集者的需求。换句话说，外祖母扮演的角色或许类似工蜂。

有些人口统计的研究显示，有外祖母在，其外孙的存活概率的确会提高。虽然计算机模式暗指，外祖母假说本身不足以解释停经的演化，但如果结合母亲假说，或许就足以解释。也有研究更仔细地检视祖母的影响，发现只有外祖母会带来有益的影响。这意味着只有外祖母会将关怀和资源投注在外孙身上，且长久来看对她们也有好处。而祖母和外祖母影响力不一致的情形，是因为只有外祖母能确定她们的外孙是自己的血脉。其实外祖母的狡猾心机似乎没有极限，现在一般认为，外祖母可能会偏心地把资源分给外孙，而不是内孙，因为外孙借着得到 X 染色体，会继承比较多她们的基因（人类的性别决定系统是 XX ／ XY，父母 X 染色体上的基因传给子辈、孙子辈时，并不平均）。年长女性在她们第二代后代上的投资，似乎越来越可能取决于潜意识中对遗传关系的繁复评估。

这一切都让我们回头讨论鲸鱼。领航鲸和虎鲸在某些方面其实非常像人类。它们有庞大的脑子，聪明、社会化、可以用声音沟通，觅食的策略很有创意。有趣的是，它们也是少数几个和人类一样有自然更年期的物种。有关鲸鱼族群的长期研究显示，雌性在死前很长一段时间，就会自动停止繁殖，雌性鲸鱼停经后所存活的时间，可能比人类女性停经后所活的时间还要长。这种现象很重要，因为这让我们有机会把自己的生物学表现和另一个远亲物种比较。那么，鲸鱼符合我们的停经理论吗？

首先，小鲸鱼的母亲如果年纪比较大，它们的存活状况会比较好，这一情况表面上似乎和母亲假说有关。其次，有鲸鱼外祖母在，似乎能增加其外孙的生存概率，尤其是三岁左右的小鲸鱼。然而，这听起来虽然和人类的外祖母假说类似，但我们并不确定鲸鱼外祖母是否真的会替后代"提供食物"。另外，虽然鲸鱼的生殖和人类停经的理论可能存在共同点，不过要知道，即使鲸鱼和人类某些方面类似，两者的生殖生物特性却不完全相同。例如，这些物种的交配似乎和人类的差别很大——没有长期的伴侣关系。不过，鲸鱼的社会结构使得住在同一片海域的雌性鲸鱼往往是近亲，这使得雌性鲸鱼能够帮助附近的幼鲸，并且它们很可能有亲缘关系（只是我们不清楚雌性鲸鱼是如何帮助幼鲸的）。也许它们甚至会给外孙语言上的建议，据说年老的雌性鲸鱼可能训练年轻鲸鱼避开潜在的威胁，例如会令它们窒息的大量浮冰。或许海面下也有一个复杂而喋喋不休的社会，而这社会是由保护心切的母系文化所引导的。

　　以上就是更年期的情况，至少是我个人的狡黠——偏离了性腺培育者虎鲸的版本。我们可以得到怎样的结论呢？停经与更年期"几乎"是人类独有的性状，不是女性生育力的终结，不是发生在女性卵子用光的时候，不是因为卵子用光才发生，而且不像我们印象中的那么糟；演化出停经，大概是因为这样一来，中年女性可以把心力投注在现有的儿孙身上，不会冒着风险继续生孩子。而这一切有个美妙的优点——女性会停经，是因为她们的后代需要充裕的照顾和支持，因此人类女性生育后还能健康长寿地生活。

　　但也有人激烈质疑，我们是否应该"治疗"停经的影响。支持者把停经视为需要治疗的"雌激素缺乏"，反对者则把停经视为不该干预的自然过程。激素补充显然可以除去一些停经的影响——骨质疏松正是明显的例子，不过需要的激素剂量可能远低于常规激素替代疗法开立的剂量。相反地，激素补充对停经后性生活的效果还有争议。常规激素替代疗法也存在风险，它与癌症、心血管疾病、胆囊疾病，甚至失智症都有关系，不过这些问题也存在争论。

　　或许女性最该考虑的是自己为什么需要激素替代疗法。有些研究显示，最常见的原因是女性担心自己的吸引力下降，有些人认为这理由不足以让人服用人工激素。纯粹主义者或许认为，"治疗"停经是人为扭曲一个完全自然的过程。

Chapter Fifteen

危机？什么危机？

Crisis? What crisis?

我要开门见山地说一件事。我买莲花跑车（Lotus）只有一个原因，没别的。我买这辆车并不是为了减轻生理或心理衰退带来的焦虑，或是填补老化心灵的空虚，或是我痛苦地意识到死亡不远了，或是吸引年轻女性（出人意料的是，胖嘟嘟的男性坐在亮蓝色跑车里，会吸引一些年轻女性）。我买莲花跑车，只是因为我从8岁起就想要一辆了。我只是刚好在41岁时真的出手买了下来。

大家都比较关注男性的中年危机。这个名词总是让人莞尔。但我希望你能明白，男性的中年危机其实不存在，可以说从来不曾实际存在。这一名词在20世纪70年代发源于美国，据说发生在人生中一段定义模糊的时刻，似乎牵涉三种忧虑的混合，包括身体衰退、寻求年轻女性青睐的悲哀渴望和沉迷于幼稚活动的冲动，在这一切之上，还增加了心理焦虑的感觉。

　　不过，男性的中年危机不是真的。如果是真的，我大可名正言顺地存钱买一辆阿斯顿·马丁豪华跑车。

＊＊＊

　　当然，人类男性的身体在四五十岁时的确会改变。我不想重提第五章那些灰暗的日子，不过有证据显示，男性身体的某些部分会有轻微衰退的情形出现。

　　失去平衡，制造血液的速度变得缓慢，抵抗力下降，睡眠不规律。不过，男性重视的是骨骼、肌肉和精力。我们已经讨论过中年时期肌肉质量下降的情形（也就是骨骼肌减少），以及这一情形对男性的外表和气力的影响，比女性更明显。骨密度在接近40岁时达到巅峰，之后逐渐下降，不过男性的骨头直径会增加，以弥补这个状况。骨密度降低是所有人类族群都会发生的情形，但直到50岁之后，降低的状况才变得剧烈。髋骨骨折的风险提高，但因为男性一开始就比较健壮，所以男性髋骨骨折的风险还是比女性小了三分之二。不过我们还是得了解，这些骨骼肌的改变很重要，中年男性最常发生的健康问题是关节疼痛和背痛，而不是比较私密或是偏心理方面的问题。

　　除了会疼痛，这些骨骼肌的改变也会影响男性的外表——仪态改变、足弓降低、脊柱弯曲、椎间盘被压缩——因此中年男性会变矮。另外，由于使男性变矮是因为脊椎的改变，而不是四肢骨头缩短，因此之前提过中年发福、四肢细长的外表会更加明显。平均来说，男性40岁之后每年会变矮一毫米，有些人的身高最后可能减少7毫米那么多。身高对男性很重要，而这或许多少能解释为什么中年男性的身体形象会变糟——其实是男性身体外形衰退得比女性更快，所以两性之间的差距缩小了。然而，中年男性还是保持着天生的自信，例如，虽然他们比年轻时更可能进行节食，可能性却仍然比女性低。另外，中年男性和年轻时一样，也会高估女性觉得迷人的男性体重（女性则一致地错误估计男性理想中的女性体重）。而男性中年大肚腩的最后安慰，是挺着大肚腩的人可以说那是人生成功的切实证据，也是开玩笑的好点子。中年男性的肚子天生逗趣，所以或许取代了早年生殖器所扮演的滑稽角色。

相较之下，性对中年人而言就严肃多了，不过这一方面的改变并不明显。我得承认，数据显示并不令人满意。性幻想的频率降低，夜间勃起的频率降低、时间也缩短，勃起需要的时间变长，更需要手或视觉刺激，高潮缩短，射精的量变少，勃起的状况更快消退，到下一次勃起之前的"恢复时间"变长。不过，人类的性爱一大部分"发生在脑中"，所以这些生理变化的影响可能小得出乎意料，而且常常被男人"脑部"性生活发生的正面或负面变化遮蔽。另外，男性精子的生殖力在中年并没有显著的变化，而且或许最重要的是，需要更长的时间才能达到高潮，其实是皆大欢喜的现象。

男性激素在中年发生了什么事，是否造成了性生活的变化，是否需要补充激素，对于这些问题众说纷纭。有些研究者积极地在男性身上寻找和女性停经一样明确而一致的转变，并且标上了各式各样的名称，像是"男性停经症候群""雄性更年期""雄性激素部分缺乏"，或是吓人的"迟发型性腺功能低下"。不过趋势逐渐改变，男性的生育力和女性一样突然下降的观念不再备受关注了。

平均来说，血液中雄性激素（睾酮和类似的激素）的浓度的确会随着年龄的增长而下降。这一情况可能在距离中年很久之前就开始了（或许早在20岁的时候），不过中年时，平均每年会下降1%到1.6%。雄性激素的浓度下降，一部分是因为睾丸里分泌雄性激素的睾丸间质细胞（Leydig cell）数量下降，而雄性激素的下降，会使脑垂体分泌的促性腺激素增加（因为睾丸和脑垂体控制彼此的方式，类似雌性的卵巢和脑垂体，详见上一章）。有证据显示，50岁之后雄性激素平均浓度的下降速度可能加快，有趣的是，这一年龄十分接近女性停经的平均年龄，但对于传说中的中年危机来说，恐怕来得太晚了。

不过，这种雄性激素平均浓度下降的趋势，实在不大像中年男性人生里一致而重大的转折点。许多中年男性的雄性激素浓度直到老年都不会改变，不过这些男性之中，有些人的性欲和性能力还是会下降。相反地，其他人出现雄性激素下降的情况，却没有经历多少明显的负面效应。一般而言，男性雄性激素、性生活、疾病和一般生理衰退之间的关联，非常不明确。精子一般不会停止生产，睾丸几乎永远不会停止对促性腺激素的反应（而女性的卵巢总是会停止反应）。美国进行的一项大型研究显示，每50名中年和年长的男性中，只有一人表现出雄性激素完全"衰退"。

因此，"雄性更年期"的速度缓慢，并不局限在中年，而且不规律，不同人之间的差异不仅很大，也没有明确的影响。另外，雄性更年期也不会使得大脑和性腺之间的交互作用完全失效。换言之，雄性更年期和女性更年期完全不一样。不过，我们该不该"治疗"雄性更年期，对这一问题仍然存在很大的争议。补充激素对大多数男性而言，并没有改变中年生活的任何面向，反而会提高罹患疾病的风险，例如前列腺癌。相较之下，人类的大脑似乎比较不受激素影响——雄性激素治疗对性欲或性能力的影响也是微乎其微。

许多中年男性担心勃起障碍，不过这个问题似乎也不大受激素影响。我们越来越了解人类勃起的机制，主要是因为发明可以促进男性勃起的药品，就可能获得极大的利润。勃起的过程中，复杂的化学传导物质会刺激脑部的某些区域，这些区域有神经纤维链接到生殖器。这些神经刺激阴茎血管内皮释放出一氧化氮，使得这些血管松弛，让海绵勃起腔室充血。另外，血管在勃起时的关键作用，解释了为什么动脉硬化、肥胖和糖尿病常常伴随着勃起功能障碍，为什么缺乏运动和吸烟可能加重勃起功能障碍。

我们了解勃起功能障碍的生理因素，不表示我们能忽略心理的因素。男性担心不举，而这样的担心会影响勃起，所以勃起功能障碍的起因常常主要是心理因素。说来惊人，许多有勃起功能障碍的男性有正常的夜晚和晨间勃起，显然证明了是力有余而心不足。比方说，像是些许的无聊这样的事，都可能让男性落入勃起失败、自我怀疑和焦虑的恶性循环。有明显生理成因的不举，也可能由于男性对性的自信因此受损而加重。男性常常认为性交"失败"是自己的错，当然了，性交的确主要取决于男性性兴奋，这是生物学上无可避免的事实。性交"失败"会强烈冲击男性对自己的性认同，心理学研究显示，男性的情况比女性严重。更糟的是，男性也担心伴侣会觉得，性交"失败"是他们对女性魅力衰减的无声抗议；研究显示，这的确是许多女人心中的想法。男性心里的焦虑循环、伴侣之间的焦虑循环——头脑是人类最重要的性器官，这在勃起功能障碍上更是显露无遗。

所以，男性中年缓慢的性生活改变，和女性中年的性生活改变完全不同。男性这方面很少发生剧烈衰退、突然停止的状况。男性的生育力的确变化缓慢（其实不会比其他身体系统更快），而脑部对这些变化的反应或许比激素变化无常的消长更重要。男性的生育力随着岁月而逐渐下降一些，不会发生突然不孕的情况。突然发生的男性更年期是个迷思；我们马上就会看到，为什么演化会造成这种情形。

中年会让男性突然渴望讨好年轻女性，还可能抛下中年的伴侣，和新欢跑掉，这或许是男性中年最常见的陈腔滥调。我们这么执着于这种念头，是因为这种想法让中年男性的妻子焦虑，甚至让偶尔觉得年轻女性迷人的中年男性心生内疚。不过，这是中年突然发生的独特现象吗？

当然，年轻女性理论可以用算数轻松驳斥。男性在40岁之前，当然没办法渴望比他年轻20岁的成年女性，因为在那之前并没有比他年轻20岁的成年女性。不过，这其中一定有某种蹊跷。现代社会觉得70岁的男人约50岁的女人出去，不会那么大惊小怪，那我们为什么那么刁难中年男性？我们来看看证据吧。

现在所有人类文明都有两个共通点。第一，他人眼中女性的吸引力在20岁前后到达巅峰，之后随着年龄下降。第二，世界各地的异性恋人与性伴侣之间都有一致的年龄差距，历史文献中也记载了类似的趋势。虽然年龄差距在发达国家可能缩小，但年龄较大的男性似乎仍然会和比较年轻的女性走在一起。另外，在许多社会中，男性习惯夸大自己的年龄，降低伴侣的年龄，而女人常常降低自己的年龄，夸大伴侣的年龄。这些发现非常普遍而一致，人类学家声称，这并不是社会传统造成的结果，不值得一提，而是反映了人类内建的性策略——这是我们遗传发育的"生命时钟"的一环。

男人要结婚时，通常会说他们喜欢比自己小2—7岁的女性。英国的平均夫妻年龄差异在20世纪一直维持在2—3岁之间。虽然年龄差距的变化增加了，但平均值仍然不变（表示年龄很大的男性和年龄很小的女性结婚的案例，以及年龄较大的女性和年龄较小的男性结婚的案例都变多了）。另外，有趣的是，有研究显示，丈夫比妻子年长6岁时，生育的子女最多。

不幸的是，婚姻数据只能告诉我们，大家得到了怎样的伴侣；但我们还想知道，大家想要的是怎样的伴侣。一个方式是研究报纸上征友栏广告或参与在线约会时表现出的喜好，而研究结果出人意料。18岁时，男性想找的是比较年长的女性，不过这种期望的年龄差距会逐渐缩短，到24岁时，他们想找的是和自己年龄相近的女性。之后女性的年龄和他们的差距越来越大，到了70岁，他们想找的女性平均比他们年轻16岁。这个结果明确而有力，在期望的伴侣年龄图上几乎呈一条直线。不过，女性并没有出现相对应的情形，她们快20岁时，偏好比伴侣小4岁，但这个期望的年龄差距会持续减少，到老年的时候变成同龄（男同性恋无独有偶地和异性恋男性有非常相近的趋势，只不过他们的喜好更极端——他们年轻时想找"更老"的伴侣，老的时候则想要"更年轻"的伴侣)。

　　当然，我们解读这些发现时，务必要小心。首先，有人反驳这些结果，认为这反映的也不是他们的渴望，而是反映人们务实的想法——他们认为自己或许能够吸引到伴侣。如果70岁的男性觉得自己的梦想能成真，会想要20岁的女性吗？还有，这个样本有选择性，主要是单身和未婚的人（希望真的是这样）。不过，证据仍然显示了一个倾向——大部分男性喜欢比较年轻的女性，而大部分女性喜欢年纪比较大的男性。这些数据其实符合演化生物学告诉我们的：人类是单一配偶的物种，加上后代要花许多时间长大，因此雄性会受到生育潜力还有很多年的女性所吸引。在我们的演化历史中，这么做的男性（受女性的年轻特质吸引，和年轻女性结婚，善加利用这些女性还有生育力的岁月），最后把他的基因传给了现代的男性，所以这些人的遗传设定让他们做出同样的选择。

　　其实有个关于黑猩猩的例子让这个论点更可信。黑猩猩的后代长大的时间比我们短，而黑猩猩是杂交社会，不是单一配偶，所以它们的生殖生活和我们截然不同。而雄性的黑猩猩似乎偏好和年纪比较大的雌性交配。不论这是为什么（或许年纪大的雌性养大黑猩猩宝宝的记录良好），这和人类的对比十分显著，强烈显示人类男性择偶偏好的演化理论。

　　不过，这一切真的完全解释了男性在中年的行为吗？首先，中年男性虽然常常觉得年轻女性迷人，但真正去诱惑她们的冲动似乎不像这理论看起来的那么无法抗拒。不论有些人怎么想，这世界显然没有随处可见雄赳赳气昂昂的中年男性追求二十多岁的年轻女性。而且，为什么男性在 24 岁之前偏好年纪较大的女性，之后才表现出演化上"合理"的行为，变得渴望年轻女性，这点也很难解释。毕竟农业出现之前的远古世界，女性很可能 16 岁左右就开始生孩子，所以男性为什么没有演化出对 16 岁女孩的生殖潜力的善加利用呢? 中年男性应该都会渴望 16 岁女性，而不是相较之下已经开始走下坡路的 20 岁女性吧?

　　不过，男性的基因遗传和持久不衰的生育力总是有可能诱惑他们，让他们放弃和中年伴侣的交往关系，交往更年轻、生育力更强的伴侣。不过这绝不是放之四海皆准的情形，中年男性通常会守着自己的长期伴侣，和她一起完成养育子女的任务。即使这样的动力还不够，想到必须回到约会、尿布和抚养幼儿的世界，就足以让他们回归正轨了。

　　为什么中年男性会想和年轻女性交往，还有个截然不同的理论，该理论认为这与他们对自己死亡的看法有关。粗略地说，差不多是"摆脱老去的妻子，等于摆脱衰老"。这一理论假设，使男性把伴侣的活力当作自己的活力指标，而男性注意伴侣的时间，的确比注意自己的时间多。听起来或许奇怪，不过的确有证据支持这个说法。首先，针对再婚的统计显示，中年男性娶的第二任妻子通常比第一任年轻（再婚的女性也有相近的趋势）。另外，娶年轻妻子的男性活得比妻子年纪较大的男性更久，年龄差距越大，这个年轻妻子对他的"保护"作用越强。我们其实并不晓得为什么会出现这种情形——年轻的妻子对丈夫是否有心理、社会或生理的影响——而丈夫的年纪对妻子的存活状况并没有那么剧烈的影响。不过别急着拿这些数据来支持并不正确的谚语："你爱的女人是什么年纪，你就是什么年纪。"我们还得考虑一个证据——男性的寿命也和妻子的教育程度有很强的相关性。所以娶个聪明的女人，长命百岁吧。不过究竟哪个比较重要——是配偶的年纪，还是配偶的受教育程度呢？

当然了，一个巴掌拍不响，这在人生和演化上都说得通。那些把中年男性钓走的年轻女性呢？她们有什么好处？是健康、安定，还是男性们成熟的会照顾人的能力（不过显然还不够）？有些证据显示，女性的选择其实是人类恋爱结合的主要驱力，而男性只能遵从。约会广告里，女性倾向于提供关于年轻、美丽和活泼的信息，而男性提供的信息则和地位、财富和职业状态有关。不过有些研究显示，女性其实比男性挑剔理想伴侣的年纪，那么这一切留给中年男性多少选择呢？

不论中年男性和较年轻女性的交往的平衡点落在哪里，这种并不光彩的关系几乎确定有一个好处。人类的历史上，很可能有比例不少的中年男性和年轻女性生下孩子，或许是暗地里，或是和原配分开或丧妻之后。因此，几乎所有男性都遗传到40岁之后还有生育力的基因，以免哪天真的有幸用得上。在女性的生育力丧失之前，人类男性的性生活都还有得瞧，所以男性才不会经历突然的男性更年期。其实这些中年男性偶尔会有的这一具有欺骗性的能力，大概是确保人类在40岁之后还能长久延续的主要驱力。

看过了男性更年期和对年轻女性的追求，中年危机迷思的第三个元素是，中年男性会经历重大的心理动荡，使得他们面对人生的新态度不恰当得可笑。

　　按照这种说法，中年会让人重新内省，意识到迫近的死亡，因为缺乏个人成就而恐慌，发生认同危机，不愿"继续做差不多的事"。这些情况应当会造成忧郁、焦虑和荒谬的反应，如忽略问题、退化成青少年的态度、滥用药物、离婚，甚至自杀。这一说法认为，中年男性想孤注一掷地把自己变成英雄，但通常会失败，有时会造成灾难。最重要的是，支持上述这些说法的证据少得可怜。

　　中年危机理论的前提是，中年危机必须是男性之间很一致的现象，而且必须发生在相对较短的一个时期。不过，十个男人中，只有一人表示在中年早期经历过强烈的情绪动荡，我们也看过了，心理疾病的诊断（包括抑郁症）在中年发生的概率并不会很高。如果被问到人生的主要转折点，大部分的男性会提起成年初期的经历，而不是中年时期发生的事，例如职业生涯转换、结婚，或是求学。他们几乎把成年初期作为为以后人生定调的阶段。认为自己的确经历了中年心理危机的男性中，超过一半人表示他们的危机发生在40岁之前或50岁之后。而确实发生在四十多岁的"危机"大多有明显的外在原因，例如失业或婚姻触礁；这些危机通常和任何特定的实际年龄没有明显的关联。其实，有些研究中的女性一样也经历了中年危机。

　　所以，中年危机不只定义模糊不堪，证据更是晦而不明。男性的确表示有中年心理改变的情况，但他们提到的改变其实和重大的内心情绪重组无关，而是和逐渐衰退的认知能力有关。最常见的问题是注意力变差、疲倦、易怒、记忆力衰退，这一连串症状反映的是感觉上而非实际上的衰退，总之几乎没有证据显示有一波中年男性深受困扰。人们对中年危机的想象并不连贯，唯一支持这种想象的证据，是中年男性认知到"人生转折点"的频率非常微弱而短暂地提高了（女性则没有这种情形）。不过，许多状况还是和职业情况有关，而且有许多被视为正面的变化，而不是负面的改变。

目前心理学家的共识是，男性中年危机这种概念定义不清、没有切实证据。不过如果真是这样，为什么我们仍然紧抓着这种说法不放？我怀疑，我们喜欢中年危机，是因为中年危机说的是我们想听的事，有时候甚至带了点浪漫、英雄式的弦外之意。例如历史上伟大的思想家和行动家（因为种种文化因素，他们通常是男性）常常表示，他们对世界的看法在中年时期经历剧烈的变化。不论米开朗基罗、歌德和但丁是否同意后代对他们中年的评价，突然意识到死亡不远会驱使人更努力成就伟大的事业，总是很迷人的想法，尤其是大部分的人并不确定，是否有什么事能驱使我们成就伟大的事业。

不，我们大部分的人并不会重塑人类文明；我们只会埋头工作。而职场对中年人而言瞬息万变。虽然许多中年男性的伴侣现在进入职场，多少减轻了他们养家的压力，但男性的职场世界仍然很复杂。战后男性工作者、雇主与福利保障之间的终身协议正在瓦解。在经济萎缩的社会里，婴儿潮后的世代却是膨胀的世代，而老年的财务规划越来越无法预测。有些男性可以早早退休，有些却得晚退休，同时让他们更愤愤不平的是，早退休的经常是几十年来想把他们裁掉的那些人。简而言之，没有简单的生物学理论能解释中年男性在现代经济的困境。危机可能来自外在，但绝对不是来自内在。

那么中年男性的幼稚行为呢？我究竟为什么买了辆莲花跑车？在这一方面，心理学告诉我们的不多，我们只知道，并没有科学证据能证明中年男性幼稚化的心理。难道中年男性并不是返老还童，而是他们的成年和童年，并不如他们希望大家认为的那么不同？除了14岁左右开始对女性产生兴趣，男性的兴趣在3岁之后似乎改变不大。他们喜欢运动、竞争、轮子和机器、制作，破坏力强，整体而言就是爱弄东弄西。青春期和婚姻只是短暂中断这些事，有了自己的孩子更是证明了这个说法。我有了儿子之后（儿子是中年男性可以理直气壮玩耍的好理由），才发现（应该说承认）我对乐高的热爱。我现在喜欢玩乐高的方式和5岁时一样，并没有成熟的细微差异，而许多男人可能也有同样的情形。我想我20岁时应该也喜欢玩乐高，不过显然暂时把乐高放到一边，避免社交上的尴尬和恋爱失利。现在，我和许多男人一样多了点钱，少了点尊严，隐约觉得现在该自私一点，实现5岁的那个我的一些计划。男人老了之后，终于有时间年轻了。那辆莲花跑车就是那么来的。

　　危机迷思的最后一个面向太普遍了，如果没有人指出，可能根本不会被发现。在我们这个政治正确、后女权主义、没有种族歧视的世界里，有一群人可能受到不怕报复的无情讽刺，这群人就是中年男性。下次看电视的时候，注意一下喜剧、剧情片和广告里被贬低的是什么人。通常是中年男性扮演丑角，而聪明、睿智、口才好的妻儿仁慈地容忍他们。中年男性角色的外表也常常不讨喜，在屏幕上却配上美丽的妻子，而他们甚至丑到妻子的选角显得不大有说服力。我指的不是荷马·辛普森（Homer Simpson）或彼得·格里芬（Peter Griffin）这些蠢得超现实、蠢得聪明的中年男性，具有的那种美式幽默感，而是草率描绘的中年男性小角色发出的隐约声音，他们只求坚忍的中产阶级家人一再纡尊降贵拯救他们。当然，中年男性也是媒体爱嘲弄的对象，因为他们是长久以来在社会上握有权势的人，但我忍不住觉得，他们在当代媒体上的形象只会助长"中年男性出现了某种根本上的扭曲"这种错误认识。

＊＊＊

最重要的是，中年危机是个好故事。我们都喜欢故事，至于故事是不是虚构的，并不重要。或许虚构的故事更好。中年危机的概念太简洁且容易被大家接受，虽然没有心理学依据，却让人忍不住相信那一定是真的。这概念太顺理成章，而且无疑也很有趣，以至于连男性自己都爱谈论中年危机。让它更吸引男性的是，这是种抽象的概念，可以轻松地把任何小变动和恐惧纳入其中，锁起来，藏在某个看不到的角落里。有人认为中年危机是最近几代人发展出来的，是从没经历过战争或抑郁症的男性心怀内疚的呻吟，暗示现在的男性因为人生中缺乏充满男子气概的真实苦难而羞愧，所以用"中年危机"这种虚构的故事来掩饰他们的困窘。不过，我们真的需要那样的理论来解释，为什么大家觉得嘲笑中年男性令人慰藉吗？

我知道你的想法：作者太会抱怨了。或许40岁出头的男性不是证明这说法有理的最好人选。也许否认中年危机只是我个人解决中年危机的方式。总之，我现在想忘掉中年危机，继续前进。毕竟所有男性都知道，还有更重要的事情去做。

中年人该生孩子吗?

Should middle-aged people have babies?

　　我一开始就与众不同。我屁股朝外出生在一群二十岁左右的医学系学生眼前,他们在妇产科轮训时看到如此反常的偶然现象,都看得目瞪口呆;不只这样,生下我的母亲年纪也实在不小了。

　　现在,31岁生第二个孩子或许不算老,不过在1968年时,人们显然觉得31岁已经接近做母亲的年纪上限。所以我母亲被隔离在妇产科病房的一端,专门为"高龄孕妇"准备的区域,也许医师担心她有可能把年纪传染给其他母亲吧。31岁算是高龄生子,这说法在今天听起来很怪,而且1968年的新生儿成长到中年的这段时间里,父母的角色已经发生了很多改变。我们都知道,现在很多人组建家庭的时间比以前晚很多,在这一章里,我会探讨关于这一趋势的关键问题。本书的第三部分,我们已经讲过中年的性、女性的生育力和男性的生育力；假设这些力量能协力产生婴儿，中年为人父母真的是好事吗？

数据显而易见。1989年到2009年之间，英国40岁以上生孩子的女性人数增加了2倍，25岁以下生孩子的女性人数则减少了。1991年到2001年之间，美国45岁以上生孩子的女性人数较之以前，增加为190％。这无疑是个实际的现象，不过每个家庭的故事都不相同。许多中年女性自然受孕，有些却需要现代生殖技术才能怀上自己的孩子，还有些必须接受卵子捐赠。当然，年纪大的母亲增多，表示年纪大的父亲也相应增多了。但大家往往忽略这一情况，尤其是有些年纪大的男性在中年时，刚和年轻的新妻子组成新家庭。

中年母亲并不是新现象，不过现在的中年母亲和以往不同了。一直到过去几十年，大部分中年母亲都还是结婚后就不断生育的妇女，所以她们在中年怀孕，只是替一个子女成群、几近筋疲力竭的大家庭加上最后一笔。最近的改变是，更多的父母在40岁上下才刚刚组成他们的家庭。因此有证据显示，这些母亲急着和生物时钟赛跑——中年母亲虽然生育力比较差，但第一胎和第二胎的时间间隔比年轻母亲短。这个明显的证据可以证明，中年的怀孕其实怀着一个计划（不好意思，我在这里用了双关语）：在不能生育到来之前，抢着生几个孩子。现代的中年怀孕并不是生物学上的创举，而是一种社会趋势。

人口统计学家已经告诉我们，发达国家的生育发生了什么事。现代女人的社会经济地位相对取决于她们在做什么，而不是她们嫁给了什么人，因此她们面临着优先级的冲突。简单来说，女性必须选择，是要牺牲社会经济层面的成功，早点生孩子；还是建立成功的职业生涯，有着高收入又有弹性的工作，等到有强力的立场可以争取到暂休，才暂停工作、建立家庭。做这些决定时，金钱似乎扮演了很重要的角色。第一个孩子出生之前，丈夫的收入对女性在职场的活动没什么影响；不过孩子一旦出生，那么丈夫赚得越多，女性重回职场的可能性就会越小。经济情况和工作的稳定程度，常被视为建立家庭的先决条件，现代经济使得这种情况在三十多岁之前很难达成。另外，女性想要打造未来薪水符合期望的事业，需要的教育和培训时间越来越漫长，即使她们拿到期望的薪水，一想到可能得暂时抛下这种收入，就会迅速打消休假的念头。总而言之，中年的新手母亲通常受教育程度高、经济能力不错，其实一点也不意外。

这些趋势引起广泛的讨论。有些人甚至担心这些趋势会降低成功女性把基因传给下一代的概率。不论实情如何，金钱和财产显然改变了一切。在农业开始之前，我们唯一的财产是体内的脂肪，所以脑部演化成会做出简单的决定，判断何时应该把脂肪转化成婴儿（结论大概是一有机会就该转化吧）。不过，现在我们大部分的财产都不在身上，是非生物性的财产，而且很难累积。现代经济和女性的选择让我们陷入两难，而我们的头脑却没有天生直觉的解答，这似乎是理所当然的事？

虽然近来的趋势是这样，不过我们对高龄母亲仍然存有一些疑虑；很少有人能解释这样的不安，甚至连说清楚都很难。如果我们往往认为三四十岁怀孕没什么，对16岁女孩怀孕也不以为然，那么标准应该在哪里？而且我们为什么要质疑高龄母亲怀孕的概念？高龄怀孕真的有什么不对吗？

从生物学的角度来看，中年为人父母有四个可能的缺点，最重要的是母亲可能有风险。我们已经看过，女性的生育力通常在中年早期（四十多岁）急速下降，不过这是否就表示如果怀孕，怀孕的风险一定不小呢？

证据其实模棱两可。有些研究明确指出，高龄母亲比较可能产生怀孕并发症，例如妊娠糖尿病、前置胎盘、先兆子痫和高血压，或需要剖宫生产。不过有些报告中的研究群组包括50岁以上的女性，而大部分的女性在这个年纪也不大可能怀孕了。即使这样的风险扩及40岁，甚至40岁以下（有些人声称这些风险甚至降到35岁），仍然可能只是反映了怀孕前已有疾病的影响。换句话说，即使年龄本身不会增加怀孕并发症的风险，中年女性还是有更多的时间累积怀孕前已有的身体症状，从而可能导致这些怀孕并发症，或使病情严重。因此，我们还不清楚健康的中年母亲是否真的需要担心怀孕可能产生的风险。

中年当父母第二个可能的缺点，是母亲的年纪可能对婴儿的健康有不良影响，公众争论这个议题时，主要的问题当然是唐氏综合征（Down's syndrome）了。

唐氏综合征是孩子遗传到异常染色体数目所产生的结果。大部分的孩子遗传到四十六条染色体，也就是二十三对染色体，每一对里的两条染色体分别来自双亲。一对对染色体被从一号编到二十二号（从最大排到最小），最后的第二十三对则是性染色体（女孩的性染色体是XX，男孩则是XY）。不知为何，较小的染色体比较不容易正常重组、重新排列、分裂；要形成卵巢中二十三条染色体的卵子，这是不可或缺的过程。因此，有些卵子最后的某号染色体不止一条，而是一对，如果这些卵子之后受精，而父亲提供的是正常的一条染色体，那么生出的孩子的这号染色体就有三条，变成总共有四十七条染色体。这叫"三染色体"（trisomy），而最常见的三染色体发生在第二十一和二十二号染色体上；第二十一号的三染色体则会造成唐氏症。

我们不知道为什么比较小的染色体变成三染色体的风险比较高，也不清楚为什么较大染色体的三染色体似乎不同（第二常见的是十六号，不过根据的规律不同）。不过，至少有两件事很清楚——三染色体症几乎都是卵子形成时发生错误的结果，和精子无关；而三染色体症比较常见于较高龄产妇生出的婴儿。

这问题很重要。大约0.3%的新生儿有染色体异常的情形，染色体异常也在死胎中占了4%，自然流产则有35%。不过千万别这样就跳到结论，认为较高龄的母亲对染色体异常有某种影响，更何况那样的结论可能使中年母亲产生恐惧和内疚交杂的不良情绪。举例来说，一般人往往认为，卵子发生非整倍体（aneuploidy）是因为中年女性的卵子已经累积四十多年的损害，因此质量本来就比较差。然而，最近的研究显示，人类女性胎儿的卵巢内已经有大量非整倍体的卵母细胞，所以染色体异常并不是衰老的直接结果。这些异常的卵子也许不知怎么的，比较容易逃过卵子损耗的过程（我们之前看过，卵子损耗的过程会把胎儿的几百万个卵子库存，削减到最后会排卵的几百个）。或许到了中年，卵子已经削减很多；加上非整倍体的卵子优先留下，表示40岁的卵子库其实"富含"不正常的卵子。

　　中年的准妈妈看了这个数字，一定会恐慌。女性成年之后，产下唐氏综合征婴儿的概率会加速增加。而二十多岁产下唐氏综合征婴儿的概率非常低，因此当40岁的概率到达每一百人就有一人时，相较之下就显得高得惊人。不过，我们得退后一步，从一种特殊的角度谨慎思考这些可能性。人类最常见的非整倍体（也就是第二十一号三染色体症）发生率是1%，1%的风险真的高得可怕吗？当然，是否接受这一程度的风险，要由准父母自己决定。而且别忘了，唐氏综合征通常可以在怀孕初期检测出来，所以父母现在可以决定要不要让第二十一号三染色体症的孩子来到人世。

　　虽然很难取得精确的数字，不过流产较普遍发生在高龄孕妇身上，而且随着年龄增高，发生率也越高。女性怀孕流产的概率超过一半所处的年龄，大约在40—45岁之间（其实这一数字并不准确，怀孕早期的流产可能不为人所察觉）。因此，对中年女性而言，流产是个比唐氏综合征更常见的问题，也是四十多岁女性比较少生孩子的主要原因（其他因素是性交的次数减少、月经周期不规律）。然而，因为流产通常是个人暂时的悲剧，之后可能伴随着成功怀孕的喜悦，所以被讨论的程度不如染色体异常那么热烈。

　　我们不清楚为什么，不过较高龄的产妇也比较可能生下较小的婴儿。已发表的研究对于这一影响的程度有多剧烈，并没有定论，不过显然已有证据证明，40岁以上母亲所生的孩子，比较容易落入我们划定的"低体重儿"范围。有些研究甚至指出，三十多岁的女性所生的婴儿体型，也小于她们在二十多岁生出的婴儿。说来奇怪，另一个容易生出小体型婴儿的母亲群组是青少年，虽然这一情况大部分能以这些母亲的社会经济劣势来解释。不过，有些研究者认为，中年和青少年母亲类似的状况，反映了两个群组之间实际的生物学共通点。例如在被测的实验动物中，年幼和年老的母亲在怀孕前和怀孕中，都有异常的激素分泌情况发生。另一个使中年母亲所生的婴儿体重轻的可能原因，是怀孕的时间间隔；怀孕的间隔短，会使婴儿出生时体重较轻，我们之前已有了解，现在晚成家可能导致怀孕时间短。

除了这些考虑之外，有些关于中年母亲的好消息。没有证据能证明，中年母亲生下的婴儿比较容易早产，或是出生后立刻显现反应迟钝的情况，或出生后会立刻死亡。有一个研究甚至显示，如果双胞胎或三胞胎的母亲是中年人，那么他们之后成长得会比较好。

中年成为父母的第三个可能缺点常被忽略，不过或许是最意想不到，也是最有趣的一点：父亲年纪大也可能对孩子的健康不利。

我们都听过男性高龄生子的故事。喜剧演员查理·卓别林（Charlie Chaplin）73岁做爸爸；西班牙歌手胡里奥·伊格莱西亚斯（Julio Iglesias）的父亲（还凑巧是个妇科医师）89岁老来得子。我发现，那些皱纹满布的男性生育成就虽然很罕见，却吸引着所有人类男性心中的那点男子气概。我想，我们都以为男性老来得子没有负面影响，主要是因为不会明显造成唐氏综合征这类大家所熟知的疾病。

父亲年纪大确实和母亲年纪大不同，前者对染色体异常的发生率没什么影响。不可否认的是，父亲的年纪对于造成唐氏综合征可能有非常些微的影响，不过除了这个不确定的关联外，并没有明确的证据能证明父亲年纪大会造成非整倍体。一般认为，持续更新的睾丸中会涌出寿命短暂但英勇的精子，这和卵巢里经过数十年漫长等待的脆弱卵子，形成强烈的对比。对男性生物学的这种简单看法，造成了十分普遍的迷思——父亲的年纪无碍于孕育健康的孩子。

　　然而，最近的研究显示，年老的父亲恐怕对于生育后代一点也不好。现在大家基本认可，有一类疾病在年长父亲的子女身上比较常见。这些疾病是常染色体显性遗传疾病，成因是我们那二十二对"非性"染色体上一个基因的其中一部分受损。虽然这些疾病背后的遗传规则类似，但不同的基因受损造成的影响却可能有惊人的差异。马凡氏综合征（Marfan syndrome）会使四肢拉长、心脏异常；软骨发育不全症（achondroplasia）会造成较常见的侏儒症；结肠息肉病（polyposis coli）会使大肠长出息肉；亚伯氏综合征（Apert syndrome）会造成头颅、脸部、手脚畸形；而痣样基底细胞癌症候群（naevoid basal cell carcinoma syndrome）则会造成自发性肿瘤。而这些只是和父亲年纪有关的常染色体显性遗传疾病的几个例子，这个清单仍在不断增加。

　　这清单看似惊人，不过要知道，这些疾病大部分未必绝对是由父亲年纪大造成的（虽然有些疾病的主要原因的确是这样，例如软骨发育不全）。此外，这些疾病显然都不像唐氏综合征那么常见，所以这类疾病影响怀孕的风险也不大。

　　这些遗传疾病有简单明确的病因，第二大类的疾病则截然不同；年长父亲的子女第二常见的疾病包括几种脑部疾病，有些疾病的遗传过程极为复杂难懂，超越任何已知的疾病。例如，精神分裂是现代遗传学上特别棘手的问题，可能比较常见于父亲较年长的孩子身上。事实上，有些研究显示，中年父亲的孩子最后发展出精神分裂的比例，比25岁以下的男性高出3倍。有些研究者声称，患有这种疾病的有四分之一是年长父亲生下的孩子。不过其他研究者并不同意这一观点，认为父亲年纪的影响其实小多了。即使这样，其他的脑部疾病［包括阿尔茨海默氏、躁郁症（bipolar disorder）和癫痫］现在也被怀疑多少和年长父亲有关。

这些复杂又微妙的疾病发生在人体最复杂、精密的器官，所以父亲的年纪对子女健康的轻微影响，显现在人脑的运作中，或许并不奇怪。脑部活动背后有极为复杂的遗传过程，不同部位必须精准地运作、交互作用，这使得人脑生来就很脆弱。人脑或许复杂过头了。即使看起来健康的人，父亲的年纪对他的脑部也可能有不良影响。父亲年纪大的男性在认知测验方面得分较低，有些研究者声称，人类智力的族群基础变异中，最多有2%是来自父亲年纪的差异。有趣的是，母亲年纪对智力的影响可能相反，这或许暗示着年纪较大的女性应该找比自己年轻的男性，以便生下聪明的孩子（最后一章会继续探讨这些繁复难懂的情况）。

现在看来，我们所能知道的影响或许能表明一个实际的问题，因为有些报告显示，在父亲45岁以上时出生的孩子，从出生到18岁之间的死亡率会高出80%。这种死亡率提高的情况有两个主要的原因，据说是先天异常，以及受伤和意外。目前还不清楚，受伤和意外是因为子女的智力较差，还是父亲的警觉性较低。

所以，年龄渐长的男性生殖系统虽然不会造成染色体异常，却一点也称不上完美。不过，父亲年纪大和母亲年纪大的影响差异非常大，或许也不奇怪，因为男性生殖的细胞基础和女性的差别太大了。女性的卵巢一生中可能释出几百个卵子，男性却可能在射精时一次释出几亿个精子。卵子等待几十年，等着排卵，数百万计的睾丸干细胞则持续分裂，产生男性生殖所需的一群群精子。雌性哺乳类的细胞大概分裂不到二十二次，发育为一个卵细胞，男性制造精子前的细胞分裂次数则几乎没有极限。男性年纪越大，精子产生前分裂的次数就越多。这种狂热的睾丸活动恰恰解释了年纪较大当父亲的遗传缺点（理由既简单又复杂）。等到中年男性的睾丸排出精子细胞时，精子细胞的基因可能已经损毁了，修复机制可能失效，或是被我们在第二章看到的宿敌——活性氧化物损害了。

说来惊人，现在已有证据指出，人类演化出了一些机制来缓和父亲老龄的不良效应。我们已经知道，年纪大的男性不太可能容易生出染色体异常的孩子。而且，还能产生有活力精子的60岁以上男性，其睾丸细胞染色体异常的情况几乎没有增加。相较之下，不再产生有活力精子的老人，睾丸细胞染色体异常的情况的确剧增（这一问题当然不会遗传给下一代了）。我们不知道停止产生精子是因为染色体受损，还是不再产生精子才使得先前活跃的染色体修补机制关闭，但这一切的证据都显示，男性生殖老化不只是无法控制的衰老过程，还是有着数百万年自然选择在人类身上内建的检查标准和协调方式。也有人说，演化出中年的勃起障碍，正是为了预防年纪较大的男性有孩子。

中年当父母的第四个，也是最后一个缺点，是产后养育，以及父母年纪可能对子女造成的复杂心理影响。如果父母不是比子女大20岁，而是大40岁，孩子的人生会变得不同吗？男性可以在60岁有孩子，而女性不大可能在45岁之后怀孕，父亲年龄会有更大的影响吗？可惜这些问题很难回答，主要是因为我们不可能对人类养育子女进行实验。

中年父母的子女成年之后，比较容易抱怨父母对他们疏于关心，或是对他们投注很少情感或精力。他们也担心，父母会比同辈的父母更早成为自己的负担。而较年长的父母当然辩不赢这些论点。研究显示，即使他们的子女不担心未来得照顾健在双亲的负担，也可能心生怨怼，因为他们成年后大部分的岁月没有父亲，而自己的孩子可能永远无缘见到祖父母中的一个。研究显示，恐惧父母过世（尤其是父亲）可能影响青少年的心理发展。另外，在子女成群的庞大家庭中，最年幼的子女可能认为自己是"吊车尾的"（没人要的意外），不论他们中年的父母怎么信誓旦旦地保证事情恰恰相反。年长父母的子女也比较可能是独生子女，父母虽然经济安稳，溺爱他们，但据说他们可能因此责怪父母让他们没有手足，很无聊。他们可能把自己的"孤单状态"完全归咎于父母决定生孩子的年纪，甚至觉得和父母比较年轻的同学格格不入。

不过，这些子女通常是计划怀孕生下的孩子，他们的父母可能比年轻父母更热切"渴望"他们的到来。而两代之间更大的年纪差距，可能带来明显的好处。其实，年纪较大的父亲似乎影响更大，不过这可能是由于父亲年纪的变化比母亲年纪大这一生物学上的事实造成的。例如，年纪较大的父亲更可能担任良师益友，而这可能大于主动、热衷于尿布更换者的角色。也许所有中年脑部的古老变化（将社交的优先级，重新聚焦在他们偏好的少数人身上，以及传授文化信息的冲动）的确会让中年为人父母者与众不同。

所以，在中年当父母的情况复杂至极。从生物学的角度来看，中年父母的确不如青年父母，这或许并不意外。不过，中年为人父母似乎不会比年轻父母差太多。染色体异常的情况会随着母亲的年纪增大而变得常见，不过仍然不像一些恐怖故事想让你相信的那么常见；许多遗传疾病发生的概率也会随着父亲年纪的增大而增加，不过都不普遍。

这种情况有个模式，而它对人类演化有着重要的意义，也影响了现代夫妻生孩子的决定。中年为人父母的负面生物影响一旦发生，后果严重，不过发生得并不频繁，这和人类演化过程中令人苦恼的那些常见早夭原因比起来，的确不频繁。史前夫妻在接近40岁时，很有可能生下健康的孩子，接着存活下来，一同把孩子养大。罕见的情况下，孩子出生时就患有严重的基因或染色体疾病，不过这些孩子很可能出生后不久就死亡了，父母因此不用继续给予资源。用这种可牺牲、几近算计的措辞说起远古人类婴儿，或许显得残酷，不过事实仍是，在人类的历史中，命运其实对中年父母有利。

真的有"空巢症候群"吗?

Is the "empty-nest syndrome" real?

　　有些中年人忙着让孩子来到人世,不过对许多中年人而言,这时期是孩子离家的时候。

　　中年普遍的现象之一是子女离家。大部分的哺乳类之中,是由父母(通常是母亲)主动和后代分离,可能是推开正在哺乳的孩子,或把孩子逐出窝,或只是把它留下来自己想办法保护自己。人类分离的过程有两个特别之处:不会在断奶之后立刻发生(人类在断奶之后还需要很多年的养育),而且试图分离的通常是子女。人类的青少年主动拒绝父母,在心理和实质上都与父母拉开距离。因此,空巢症候群符合人类中年"明确、突然、独特"的三个特征。所谓明确,是子女通常在父母的中年时期离开;突然是指他们离开的行动相对而言令人意外;独特是指人类的子女通常是按自己的意志离开。

独立的冲动在青春期的行为中根深蒂固，有证据显示，年轻人要成为自主幸福快乐的成年人，这种冲动不可或缺。所以我们大部分的演化历史中，年轻人很可能在青春期中期离开父母，虽然他们会待在附近的大家庭或部落群体中。

乍看之下，由子女发起的不寻常分离似乎对子女有利，却完全不顾父母。尤其在本书中，我一直强调，人类生命蓝图根据的是我们对子女的庞大投资。这些投资包括食物、照顾和文化传递：成年人做好准备，要将资源投注到后代身上。那么不再需要投资，空巢期开始时，人类父母会发生什么事？

在发达国家中，现代父母花在人生空巢期的时间可能更多了。这多少是因为现代人活得比较久，不过也是因为20世纪养育子女的模式改变了。虽然有些女性现在比较晚建立家庭，但许多女性仍然在二三十岁的时候开始（或停止）生育，这表示最小的孩子离家时，她们还很年轻。虽然空巢"阶段"可能的实际长度最近增加了，但还是值得我们了解"空巢症候群"（至少检视其典型、病理的形式）是否真的存在。孩子离家一定会造成不良影响吗？空巢期主要影响的是女性吗？这种症候群固定不变，而且无法避免吗？

20世纪60年代的医学文章把"空巢期"形容成：母亲对青少年子女即将离开或刚离开的一致反应，认为这一反应有两种不同的情况。"外显"的情况会明显表达怒气，和逃离的子女发生严重争执；而"隐性"的情况则是无特定目标的不满和忧郁。外显的情况据说发生在教育程度比较差、结婚之后较早就怀孕、朋友比较少、没有工作，尤其是当时没有婚姻关系的女性。一个令人不解的主张指出，外显的情况容易发生在"欧洲价值观"的女性身上，而隐性的情况则比较常见于"美国价值观"的女性身上。

这些早期论述的口气或许奇怪，却仍提出一些今日尚未解答的空巢期问题。例如，如果你有工作、朋友或配偶可以转移注意力，会比较容易接受子女离家吗? 女性受到的冲击比男性大吗? 个人的空巢期经历会受到他们当时的性情影响吗?

对以异性夫妻为中心而建立的核心家庭，子女离家显然代表会出现一段变动的时间，接下来是相对的稳定。另外，许多人认为"空巢症候群"是存在的，他们亲身经历过。他们说，空巢期时会感到悲伤、茫然，特别会在离家子女的卧室游荡，一边回忆，或是重拾和子女残存的情感联结。空巢症候群发生的高峰是在学年开始时，这时年轻人离家上大学去了。另一个高峰是子女结婚时，这时子女通常已经离开父母家很久了。子女象征性的离开或实际的离开，显然都能引起空巢的感觉。有些父母甚至在最小的孩子开始上学时，就感受到心痛的悲伤。

如果这些空巢症候群的记录，只是显示任何人在情感世界强烈重组时，都会发生的简单平凡反应呢? 如果真是这样，那么空巢就完全不是明确的"症候群"了，也不会是人类心理发展出的独立而独具特色的一部分，平常深藏在内心深处，等着在中年显现；这样一来，空巢期只是反映了一个简单的事实——子女常常在父母中年时离家，而他们的离开有时会使得父母难过。

其实研究显示，子女离家和中年父母忧郁，或是更年期不良症状加重之间，并没有明显的关联。甚至有些人提出，空巢期和正向心情与幸福的得分提升有关，也和婚姻满意度上升有关，虽然不确定这是因为照顾青少年子女的压力解除，还是因为财富增加导致。现在，许多心理学家认为，子女离家对父母亲的心情并不会造成单向而单纯的影响。父母的反应可能从哀伤难过到解脱自由。有些专家甚至把空巢症候群说成是一个耐人寻味的现象。我个人认为空巢症候群确实存在，不过它只显示了人类对同样刺激的情绪反应，会有多大的差异。

一般认为空巢期对母亲的影响大于父亲，不过这是真的吗？

许多演化生物学家认为，男女的生殖角色不同，免不了造成男女的分工不同，这种分工方式在大部分的人类社会仍极度类似。不论是否源于生物特性上的需要，在大部分文化中，的确期待女性为子女提供情感的安全感，而期待男性提供实质的安全感和稳定供应的资源。有人认为，由于两性的这些分工，母亲身为照顾者的功能会在子女的青春期早期开始减弱，而父亲扮演的照顾者角色则维持更久，尤其是在大家庭中。按这种论点，女性会在中年失去照顾者的角色，男性则会保持到老年，所以女性似乎比较常出现空巢症候群。

然而，我们的演化历史和空巢期后忧郁的关联没这么简单。首先，异性恋伴侣之间的分工，可能不像一般主张的那么容易预料。毕竟男人会抱孩子，女人也会搜集食物，人类历史中，情况可能都是这样。要完成夫妻的工作，分工合作似乎是很有效率的方式，这种情形常发生在同性夫妻、没孩子的异性夫妻，以及所谓角色"互换"的异性父母身上，不过不同伴侣、不同文化的分工细节也可能存在差异。一般的观念认为，大部分的人类历史上，男性是主要

"讨生活"的人,而这一观念受到某些社会学家的质疑,他们反而把1870—1960年的这段时间,视为西方文明的"非典型时期",这时的女性"贤惠持家风潮"(cult of domesticity)暂时扭曲了夫妻之间正常的角色分配。

不论事实如何,子女离家这件事都出奇得复杂,如果父母的反应不同,也不奇怪。第一,研究显示,家中有孩子的男性比较容易觉得自己有男子气概,女性对自己女人特质的评价却不会受什么影响;因此,空巢期对父亲自我形象的影响应该比母亲大。第二,中年父母也会被他人的眼光影响。例如研究显示,一般人看到男性带个孩子,第一印象会觉得他应该为人宽宏、社会经济地位高,而带孩子的女性则让人觉得没那么有事业心。中年夫妻的孩子离家之后,这些外界的观感或许会改变。第三,证据显示,母亲和父亲对离巢的孩子可能有不同的反应。有些心理学研究显示,父亲对于离巢孩子,与生俱来具有一种正面、积极的态度,据称,父亲容易把儿子离开家看成孩子的第二次人生机会,而女儿离开父母家很久之后,他们还常有保护女儿的强烈冲动。相反地,母亲对不在身边的子女的态度比较暧昧,例如她们会嫉妒女儿性爱和受教育的机会。

"空巢症候群"的问题,更进一步来看,这一说法过度简化了家庭运作的方式。空巢症候群反映了一种假定的看法,那就是,所有家庭都是由两个结合一辈子的异性父母、几个孩子组成,这些孩子是父母有意识的选择。通过对世界人口进行统计,以及对其经济状况的了解可知,年长的亲属和离家的经济独立的子女,通常会住在离其核心家庭具有一段距离的地方。"空巢症候群"被发明出来时，正值20世纪60年代，当时在发达国家的中产阶级中，这样的家庭结构或许占了大多数。不过在那之后，这样的家庭已经逐渐减少。更重要的是，这种家庭结构在从前的人类历史中也没那么常见，甚至在我们演化过程中的那漫长的人类史前岁月，也一样少见。

因此，与其着眼于最近才注意到的"症候群"，我们应该问的是："巢"什么时候注定要空？现在的孩子是在"违反常情"的时候离开父母家，才让父母更难承受他们离家的吗？

对许多现代人类而言，空巢期开始于他们决定生最后一个孩子之后的16—20年。所以空巢期通常不是依据夫妻的生理来决定，而是他们先前的家庭组成偏好。从前并不是这样。在人类演化的大部分过程中，许多成年人活过中年，甚至活得更久，而女性会持续生孩子，直到生育力在40岁之后自然衰退。因此，人类演化的结果，是大约五六十岁时才进入空巢阶段。事实上，你也可以主张，将中年定义成自由性交不避孕的夫妻照顾最小的孩子的时期，或许介于42—58岁之间。

计算空巢期的"自然"年龄，会得到一个必然的结果——今天空巢期发生的时间早得不合常理，这是因为夫妻决定人为限制他们的生育力。其实我们可以说，把怀孕延迟到40岁的"职业妇女"才会在接近60岁时进入空巢期，而这正是人类大部分历史上空巢期"自然"发生的时候。这些晚生孩子的人是否发现，自己在演化后最适合处理空巢期的时机，正好处于这个时期呢？思考这个问题，实在有趣。

我们预测的"自然"空巢期时间晚得惊人，不过从孩子的观点来看，这样的预测确实显示人类生儿育女天生就很有灵活性。人类历史上，养大孩子的都是青年或中年父母（至于是青年还是中年父母，完全取决于父母要孩子的年纪）。养育子女的，可以是有生育力的父母，也可以是无生育力的父母，人类的这种生物现象其实是个特例，其他大部分的动物完全没有这种情况。

空巢期另一个有待解答的面向是，子女独立时，"应该"和父母疏离到什么程度。我们常假设史前人类会组成游牧的小型团体，各以几个大家庭为基础，不过我们对人类演化史上大部分的家庭和社会结构的了解，其实少得可怜。我们不知道环境和文化的影响，会让成年子女待在父母身边，还是会把他们赶走。例如，根深蒂固的冲动，可能促使有亲缘关系的亲戚将大家庭维系在一起；但家族也可能散开，以免为了稀有的资源而起争执。此外，人类学家也提出，早期人类发展出刻意和邻近部落交换联姻的传统，以防止近亲繁殖可能产生的悲惨后果（近亲繁殖可能让与外界隔离的一小群动物走上毁灭之途）。

在发达国家里，经济需求严重扭曲了空巢现象。子女现在可以搬到距离父母很远的地方去追求事业，这可能造成严重的情感分离。"事业游牧民族"的现象在20世纪下半叶变得非常常见，在社会经济地位高的家庭尤其显著。情绪效应也可能因为中年女性重回职场的趋势而恶化，因此相对而言更加没时间探望远方的孩子。然而，过去几年来，现代通信技术多少减轻了这种情感疏离的状况。脸书和Skype能不能重建联系，让我们拭目以待吧。

光谱的另一端是回到父母家（"还巢子女"）或完全没离家的子女，这种情形通常是经济因素所导致的。直到最近，这种现象的主要原因仍是失业、继续深造导致的经济拮据，或单纯的惰性使然。现在买房子的庞大花费，也成了空巢期不再准时发生的另一个原因。有些国家的许多青年和父母同住，正是这个原因，而这些父母的反应常常是补贴子女第一次买房，他们甚至会鼓励子女结婚，借由结婚集合两个青年男女的收入，构造房产之梯的第一道横木。然而，经济本身无法完全解释子女还巢的现象，因为家庭结构也占了一个因素。例如，最小的孩子比哥哥、姐姐更可能留在家里，长子或长女则最不可能留在家里，或许年轻人离开父母家，除了逃开父母，也是为了逃离手足。另外，父母中一方和新配偶再婚，似乎也能强烈阻止孩子考虑留在父母的屋檐下。

其实人们对留在家的孩子的反应，显示空巢期是一个有益且值得经历的重要人生阶段。中年父母常常表示，赖在家的成年子女没完全独立、没工作或单身，会让他们觉得丢脸。研究显示，中年父母的幸福指数和他们眼中子女在外面的世界是否独立、成功，很有关系。研究还显示，父母常常因为自己厌烦碍事的成年子女在家破坏他们的生活，而觉得内疚。另外，虽然没有数据记录"巢不空"对父母心情的影响，但有报告指出，这会降低中年夫妻性生活的频率。虽然我们可能拿此开玩笑，但空巢期或许真的是夫妻可以期待再一次衣不蔽体地走来走去、不用担心孩子出言抱怨的时期。

空巢期还有一个常被忽略的面向，那就是，空巢期常和中年人开始担心父母健康的时期重叠。我们身处人类历史的一个特殊时期，现在年老衰弱不会立刻导致死亡，而中年人常觉得自己被夹在中间，是个"三明治世代"，必须同时照顾还没离家的孩子和病痛的父母。而"病痛"是重点，因为中年人的年老父母如果健康，那他们通常可望在比较平等、地位相当的基础上，和父母重新协调关系。有些研究显示，健康的父母可以成为强力的支柱，而不健康的则连同子女那些"旧"负担，成为新的负担，让夹在中间、必须照顾他们的中年人，事业常常因此停滞，经济陷入困难。要知道这种状况实在不自然，因为在人类历史中，不健康的年长父母很快就会离开人世，而且比起青少年子女离家，他们的离开更加无法挽回。

所以，虽然空巢期是人类中年非常一致的现象之一（甚至只有空巢期可以在数字上定义中年），空巢期的影响却没那么一致。有些人觉得空巢期是解脱，有些人则觉得是诅咒。空巢期并不是内建的心理反应，而是子女通常在父母中年时离开，空巢期不过只是中年父母对此产生的正常反应。在"病态"的空巢症候群这个概念发展出来的那个时空中，女性角色反常地着重于养育子女。当时试图以医学处理正常现象，因此把焦点放在对空巢期有负面反应的人身上。

甚至有人认为，导致空巢的状况变成坏事的，只有一个原因，就是父母和孩子之间的权力不对等。如果青少年对离开家庭感到焦虑或忧郁，那么他们常常可以向朋友或家人坦承自己的感觉。不过有同样感觉的中年父母，情感却受到孤立。他们常觉得没办法跟朋友讨论自己的忧心，当然也没办法跟子女讨论；他们担心别人觉得他们沉溺在过度保护的情绪之中。

然而，人生不公平，父母的不安全感确实不该妨碍子女首次进入外面的世界。演化理论告诉我们，年轻人就是比年长者重要，所以中年空巢期的父母有时得忍着别开口。然后或许呢，可以拥有更多的独立性、乐趣和性爱。

明天你还会爱我吗？

Will you still love me tomorrow?

　　许多夫妻纳闷，他们的性生活和感情生活到中年时会变成什么样子。中年的这个人生时期里，如果这对夫妻的子女离家了，他们的关系必定会回归本身，从一个多人的单元恢复为两人的单元。不论是否为人父母，是异性恋还是同性恋，每对夫妻逐渐来到人生的中点时，都会经历许多生理和心理的转变。如果他们和从前不大一样了，他们对伴侣会有什么感觉，伴侣又会对他们有什么感觉？中年时期，长期的关系变得格外脆弱。当从前年轻时恋爱、追求成功和养育子女的冲动逐渐减退，人们可能突然变得特别看重伴侣对这一切改变的反应，但伴侣的反应却是无法预测的。我们虽然是极度社会性的物种，却一直没能真正了解其他人；这是人类生命的永恒矛盾。尽管我们或许很希望了解别人（或许希望非常了解我们的爱人），但我们永远无法完全了解别人在想什么，或是他们会做什么。这种不确定感在我们二十多岁时或许令人兴奋，但中年时期却令人恐惧。你和这个人一同建构了整个成年的人生，现在你们年纪都大了，而且一同独处，对方会做出什么样的反应?

乍看之下，我们对演化和自然选择的了解，让这种状况显得更不确定了。人类和其他形成单一配偶养育后代的哺乳类一样，随着后代长大，父母不再那么需要投资在他们身上，于是，结束伴侣关系、从头开始的这种选择，不再那么令人反感。此外，从经济学来看，中年夫妻的财产有了一定积累，如果在这时分开，财务上比较好处理。更糟的是，这一时期异性关系中的两性差异变得尤其不公平。中年女性担心如果关系破裂，她们无法开始新的人生。她们在别人眼中的魅力下降得比男人快，赚钱赚得比较少（尤其她们可能为了照顾子女而中断事业），而且生育力正在下降。而男性完全不会有这些烦恼，因此中年时在感情方面有更多的选择，包括换个长期伴侣，开始另一段婚姻关系。意识到男性进入新关系的弹性比较大，也会在所有中年的关系中产生新的、常常是不言自明的紧张感。

最后这一章的目的，是探讨中年的感情关系发生了什么。无法控制的各种驱动力一同使得中年关系变得天生不稳定吗?或是有没有神秘的力量能维系他们的关系?多少中年人出轨，为什么呢?我也会思考中年关系失败，是否代表人类根本不曾演化成一夫一妻制。我们在中年不离不弃，其实否认了我们的本性吗?

联合国公布的统计资料指出，到49岁时，89%的人类都会结婚。

这个统计结果很惊人，无疑这也是许多研究只针对夫妻的主要原因——毕竟法律认定的异性关系，代表的是一个容易辨识的庞大取样群组，对研究人员来说是相对稳定的。当然，许多人是同性恋，也有许多异性恋的人没有结婚，所以研究夫妻所得到的数据又从某种程度上永远无法让我们看到全貌。大量研究旨在探讨"非婚姻"关系在中年的变化，不过这些关系的动态变化其实或许没那么不同。毕竟目前大部分的同性和未婚异性，他们的基因（以及至少部分的行为特质）都遗传自他们的异性夫妻父母。

近年来，在发达国家中，长期保持稳定关系的情况已经发生改变了。现在越来越多的伴侣同居而不是结婚（欧洲又比美国多），不过婚姻关系仍然盛行，大多数人在人生的某个阶段仍然会结婚。越来越多的人忙于应付事业和养育儿女，男性扮演照顾儿女的角色变得更重要了。另外，越来越多的人离婚，而离婚后再婚的人越来越少（虽然离婚率升高的这个情形，很可能也减少了相敬如宾、家暴或其他令人不满的婚姻）。所有这些趋势都显示，人们人生中有婚姻关系的时间越来越少了。

已婚男性和女性的年龄比例有惊人的差异。男性结婚或同居的比例在成年之后逐年增加，女性则在中年达到高峰，发达国家大约是在45—55岁之间。这种不一致的现象有两个主要的原因：女性通常活得比她们的丈夫久，还有女性在分居或丧偶之后比较不会再婚，于是女性不再婚而寡居的情况，最后会比男性多5倍。因此，不论男性年轻时如何，他们之后的确会想结婚，而男性单身者的平均寿命会剧减，女性则不会出现这种情形。这些趋势用不着等到老年就已经很明显了；中年男性已婚的比例已经比中年女性多了（在一项研究里，男、女分别是82%和69%）。或许就是因为这样，报纸上常常有中年女性写文章抱怨适合的中年男性太稀少。这种对比显然无法由寿命长短的差异来解释，因为之前已经说过了，很少人死于中年。因此，一定有不少中年男性和非中年的女性结婚；通常是二三十岁的女性，其中许多是第二任妻子。我们已经知道，这或许和男女根深蒂固的伴侣年纪偏好比较有关，而和"中年危机"无关，然而中年两性不均衡的现象仍然惊人。

话说回来，统计并没有显示中年特别容易出现关系破裂，并受之困扰。离婚大部分发生在人生中二三十岁的时候。说来有趣，这个时期恋爱的热情和生育的火花应该最为炽烈。相较之下，中年却是关系相对稳定的时期（尤其如果我们假设，许多中年离婚的夫妻早就计划离婚，只是决定等到孩子长大才分开，那么中年离婚的数字其实是因为这些人才提高的）。中年婚姻虽然让人想到许多压力和恐惧，但实际情况似乎却意外地坚固。显然有些因素支持着中年的婚姻。

"爱"通常有几个阶段。最初爱上另一个人时，爱完全是脑内的现象。接着来到令人兴奋的阶段，双方经过彼此激烈的心理重组——他们对彼此变得天真，把彼此理想化，否认对他们心仪对象的任何批评。这个爱情阶段不只是心理现象，身体的化学状态也发生变化。最近发现，刚陷入恋情时，血液中的某些化学物质会大量增加，受感情冲击特别强的人，血液中这些化学物质的浓度甚至会比较高。下一个阶段里，关系会比较平静、比较真实，许多和爱情有关而可测量的化学变化消退了。这种化学与心理变化发生的时机，大概是人类因为演化而把注意力从伴侣转移到两人爱情结晶身上时。在成年初期相遇的夫妻来到中年，这种化学激发的火花早已转化成调整后的关爱。

研究显示，中年关系的失败是某些负面影响作用下的结果，这些影响对较年轻时的关系失败似乎没那么明显。常有人表示厌倦和丧失活力，而且种种事件常让夫妻在这时候意识到，伴侣关系和感情跌到了谷底。过去引发争端的种种可能浮现，例如研究显示，如果一方婚前的性伴侣比另一方多，那么这场数十年的婚姻比较容易发生性生活不合谐的状况。虽然中年夫妻彼此不沟通的情况已经是陈腔滥调了，但有些心理治疗师认为事实恰恰相反——中年伴侣太擅长潜意识的沟通，所以他们常常不须言语讨论，很容易就形成对彼此无要求、没有爱和感情的关系。

中年时与伴侣的关系似乎特别令女性苦恼。中年女性可能破天荒第一次坦白表示她们对伴侣的失望，常常批评他们被动、不愿改变、情感依赖，或是无法养家。研究显示，已婚女性的自尊相对来说取决于婚姻中感觉到的爱情承诺，而男性的自尊和性生活存在更直接关系。在不幸福的婚姻中，女性表述身心健康问题的比例可能比丈夫要高。如果进行伴侣关系咨询，女性比较容易有负面情绪，男性则容易自我防备。此外。证据显示，青年女性（未婚女性二十多岁和已婚女性三十多岁时）最担心的是外表，而这些担心在中年时会缓慢地减少，而且她们的女儿开始约会时，或是意识到自己未来的恋爱选择变少，丈夫的选择却变多时，这些担心往往会瞬间加重。

男性对于婚姻的满意度一般要高于女性。这当然可能是由衷的感觉（我们知道男性可能天生乐观），但也可能反映了男性比较不会透露可能的问题。有些男性甚至表示，他们很讶异自己认为婚姻完美无缺，妻子却不满意。研究还显示，对于男性而言，结不结婚比实际的婚姻"质量"更重要。除了前面提过的性爱的重要性，男性认为婚姻幸福的另一个因素是，他们感觉到关系中维持了"正统"的性别角色。之前说过，夫妻之间情感和实际的角色通常分配不均，这种需求非常强烈，尤其对男性而言。其实，这种需求甚至强到，同性夫妻在关系中也发展出类似的失衡状况，这显示人类划分关系角色的驱动力甚至比生殖的欲望更普遍。

不过中年人类非常复杂，而着眼于失败的婚姻可能让人误解中年的状况，毕竟大部分的婚姻不会在中年失败。中年人还是会在伴侣身上寻找优点，虽然他们看到的可能跟二十年前不同，比方说，他们比较容易提到宽容、对等和可靠这样的特质。对于青年而言，这些特质可能听起来乏味又保守，目的只是为了在婚姻关系中保护彼此，而不是可能鼓舞、诱惑彼此，让彼此魂牵梦萦，不过或许到50岁时，我们之中有些人经历的鼓舞、诱惑和魂牵梦萦已经够多了。

身体的吸引力在中年仍然重要，不过其他特质也很突出。我们都知道伴侣身上的聪明、幽默、仁慈和创意很吸引人，而演化生物学家认为，我们喜欢这些特质，是因为那是拥有健康基因的迹象，表示有能力照顾后代，为他们提供资源。不过，这些特质在人类的中年还有其他重要作用，因为这些特质可以维持到外表衰退之后，甚至可以在潜意识中提醒我们，眼前那个一身皱纹、肥胖下垂的家伙，真的是我以前勾搭上的那个年轻时髦的人。夫妻受到这些不会衰退的特质吸引，或许能在中年维系他们的关系，甚至到中年之后。

　　说来令人感到意外，生物学家也提出，自然选择在中年这段时间可能有利于好人。女性选择男性当自己孩子的父亲时，常常选择看起来基因最好的配偶。不过最近的研究显示，女性选择外表和身材略逊一筹的男性，只要求该男性能够给后代充裕的照顾，或许是有道理的。自然选择的重点就是孕育成功的后代，不过许多物种（尤其是人类）想孕育成功的后代，不只需要良好的遗传，还需要父亲完善的照顾。因此中年时期，和这些基因略逊一筹，却是完美家长的男性结婚的女性，或许终于出头了。按照这个理论，这些男性的伴侣年纪增长时，他们还会继续照顾孩子；而那些比较体面、基因比较完美的男性则会跑走，另寻伴侣。

　　描述现代婚姻，用这些发现推测其他的长期关系，虽然是不错的主意，不过我们有个关键的问题还没有解答。终身一夫一妻制真的是我们演化出来度过一生的方式吗？一夫一妻制或许是今天发达国家盛行的两性关系，不过的确可能只是现代人为产物。回顾人类历史，我们可以发现，终身一夫一妻制并不是常态，那么我们对现代婚姻的自然历史就得完全改观。男性注定会在中年离开伴侣、和新对象不期而遇吗？或者女性注定如此吗？人类是天生的一夫一妻制，或是一夫多妻，甚至杂交吗？

换句话说，中年关系的考验是否显示，我们把其实不自然的繁殖方式强加在自己身上了？

哺乳类的一夫一妻制并不多见。所有哺乳动物中，只有3%到5%是一夫一妻制，包括草原田鼠、河狸、犬羚（一种小羚羊）和一些狨猴与蝙蝠，这些物种的子女通常能得到双亲的照顾。然而，其他物种比哺乳类更多实行一夫一妻制，大约90%的鸟类是一夫一妻制（有连续式的，也有终身一夫一妻的），同样地，大部分的鸟类是由双亲照顾后代。然而，一夫一妻制在我们的近亲之中并不常见（巨猿不是一夫多妻，就是杂交制）。

有些人类学研究显示，一夫多妻仍然是人类繁殖方式的主流，在所有文化中大约占了四分之三。然而，允许一夫多妻，不表示大部分男人会娶多个妻子，也不表示一夫多妻代表了原始的男性对性事的贪得无厌。在"一夫多妻制的社会"里，大部分已婚的男性只有一个妻子，这通常反映了他们的社会或经济地位。另外，如果男性娶超过一个妻子，通常是"继承"自其他已故男性亲属的妻子，这一情形一般发生在男性的中年时期。一夫多妻婚姻常见的模式是，有个备受疼爱而优越的大老婆和丈夫以一夫一妻制过了很多年，他才娶其他妻子。一项在埃塞俄比亚的研究显示，多妻男性的第一个妻子似乎表现得比一夫一妻的妻子好——她们较早结婚，处于"适龄结婚"（或许是拥有财富、地位和美貌），而且子女身高较高、体重较重，营养比较好。之后的妻子年纪较大，条件没那么出色，显示这些女性结婚只是为了"随遇而安"。因此，一夫多妻并不像表面上那么普遍，而且未必显示了男性权威压迫女性的自私心态

（一妻多夫和一夫多妻恰恰相反，是一个女性和数个男性结婚，这情形并不常见，或许是因为族群用这种方式产生后代效率太低，大部分女性的生育力都浪费了）。

　　有关一夫多妻在人类历史上的普及率，我们已经掌握的生物学证据彼此间有些矛盾。举例来说，科学已证实，可以借由追踪 Y 染色体上基因的分布情况，得知某几个古代人是一大堆人的直系父系祖先。某个研究显示，现代人类族群之中有 0.5% 是近亲，这或许是一名中亚男性一夫多妻的结果。不过，其他遗传学研究显示，一夫多妻在人类历史上相对而言并不重要。比较 X 染色体和其他染色体的基因重组程度，显示人类过去女性和男性繁殖率是 1.1—1.3，这表示绝大部分是一夫一妻制。另外，要知道男女比例不是 1:1，可能的原因不只是我们的祖先偶尔会一夫多妻，他们也可能是连续式一夫一妻制，或只是出轨。

　　对其他物种的研究显示，想知道某种动物的生殖模式是否为一夫一妻制，有些简单的数值可以作为完美的指标。例如体型就是很好的指标，一夫多妻的灵长类，雄性的体型通常是雌性的两倍大，而长臂猿是一夫一妻，雄性和雌性则体型相同。人类男性的体型大约是女性的 1.2 倍，和大猩猩的 2:1 差距较大，比较接近长臂猿的 1:1，这一现象再次显示，我们在一夫一妻和一夫多妻的光谱上，偏向一夫一妻的那一端。我们已经知道，某些生物特征对于其他物种来说是杂交的指征，当我们检视自己的这些生物特征，也会得到相同的结果。杂交物种的雄性睾丸大，还有独特的精子形态，以增加精子在多次交配的雌性身上赢得冲向卵子的赛跑；相较之下，人类的睾丸比较小，精子显得非常没活力。

这些证据使得一些研究者产生非常极端的看法，认为终身一夫一妻制是智人原本的生殖模式，而且中年男性继续和停经的配偶在一起，虽然会限制自己的生殖，却是完全自然的表现。我们人类会采用这样的策略，当然有很好的理由。例如，父母在子女身上的投资对人类格外重要，或许可以说，男性如果专心照顾一个女性的后代，而不是生许多孩子却因为父母疏于照顾而死去、受苦或失败，这样能产生更多成功的后代。的确有证据证明，男性的“性”趣会偏向已经生出他们孩子的女性。玻利维亚一个针对采集种植社会的研究显示，子女比较少时，男性比较可能“外遇”，而这种情形符合青年比中年人容易出现外遇、离婚的发现（不过我们不能排除中年人的外遇比较少，有可能是因为不再有人想跟他们发生关系了）。

终身的一夫一妻制或许也有其他好处。男性之间的合作是人类社会顺利运作的基础，不过如果男性之间的性竞争不受控制，就可能严重危及他们的合作。因此，有人认为，追求一夫一妻制的男性和女性，比较可能组成和平而成功的社群。这些人并不是“选择”实行一夫一妻制，而是因为几千年来，有一夫一妻基因的人繁衍得比较兴旺。以此为背景，值得注意的是，在性解放的现代社会之中，大多数人（不论是否为异性恋）最终还是会希望建立一对一的伴侣关系，而不是其他感情或性的关系。

然而，不少这类的理论也不排除，人类原始的繁殖系统其实是长期的连续式一夫一妻制。许多现代的狩猎采集社会也有这样的模式——男性和女性成为十年或十年以上的伴侣，但之后又分开，和别人在一起。随着年龄变大，之后共同生育孩子的概率会降低，但这并没有阻止交换伴侣的情况发生。在这些社会里，人类有时也有"婚外"的性关系，尤其容易发生在年轻的时候。

　　许多人类学家现在认为，社会对连续式一夫一妻制不以为然，但我们目前的终身一夫一妻制其实是人为的产物，是我们面对宿敌时做出的情急反应，那些宿敌就是农业和定居的生活。研究者提出几个理由来解释为什么农耕、定居、财产和继承，可能使社会强迫其成员实行终身一夫一妻制。首先，农业革命之后，人们被迫比邻而居，而一夫一妻制度化或许单纯是人们对此的应对之道。在这些空间有限、生活贫困的状况下，男人更不能为了性而彼此竞争。因此，这个论点认为，被迫的终身一夫一妻制成功地压抑了这种毁灭性的竞争，这甚至能解释为什么许多社会对于通奸会有过于残酷的处罚。第二个理论是，农业出现之后，男人除了基因，还可以给后代更多的东西。他们现在还有财产可以传承，而只有一个妻子，表示这财产不会被分给太多后代。有许多子女时，财产分配是无法避免的结果，但如果这些子女继承到的土地不足以养活一个人，那么让多个母亲生下一大堆孩子就会加剧这种资源的不足。

　　我想提出第三个理由，解释为什么农业会导致一夫一妻制度化（换句话说，就是婚姻）。这理由和许多先前的理论不同，它将女性为了提高孩子存活和健康机会的种种努力也列入考虑。先前我们看过，农业的出现让人类生出的婴儿数目达到前所未有的新高。也因为这样，世上几乎所有人类都生活在以农业为基础的社会之中。农业的影响很糟糕，却是一个行得通的系统。然而，照顾一小块土地的夫妻生下健康孩子的能力，受限于那一小块土地的生产力。如果一个中年农夫生了一堆子女之后，决定离开他的妻子，那么他会面临一个麻烦的抉择。他可以把土地留给她（或许不大可能），让她养育他现有的子女，或是自己留着土地，和新的女人从头开始，让先前的孩子挨饿。他无法选择把半块土地给前妻，留着半块养活自己、新任妻子与他们可能生下的子女（即使可以，这块土地很快就会被一大堆孩子瓜分，他的儿子或孙子迟早会面临相同的困境）。因此中年男性无法离开，中年女性得到一些保障，而社会订下终身一夫一妻制，把实际上无可避免的安排变成了正式的制度。

就这样，一种概念形成了。史前人类可以选择一夫一妻制（可能是连续式，也可能是终身的），其间插入一些外遇（尤其在年轻时）。这种不大明确的自然繁殖系统可以解释，为什么遗传和生物学的数据显示人类几乎是一夫一妻，几乎不杂交；也能解释为什么大部分人不由自主地想成为一对一伴侣中的一员。之后，这种自然的繁殖系统才被农业的终身一夫一妻制需求取代，不论我们喜欢与否。

就是农业前的天性和农业后的文化之间产生了冲突，才造成今天这么多的问题。

那么，中年出轨的情况有多普遍，出轨一定是分手的预兆吗？

不出所料，数字再度集中在婚姻，而不是非婚姻的长期关系上。有些研究者主张婚姻出轨太罕见，因此无关紧要。出轨率在许多国家的确很低（已婚人士可能只有1.5%会出轨），不过数十年来，这样的小数字也会累积。据估计，发达国家有40%—60%的已婚人士至少曾经有过一次外遇。填写研究问卷时，人们当然不愿意承认有外遇，许多外遇可能太不如意或太痛苦，所以为时短暂，不再继续，而且其实并不重要——至少在统计学上不重要。

不过，研究中年男女外遇的演化驱力，仍然有趣。对于古代狩猎采集的人而言，男性在一对一之外的关系产生孩子的可能好处相当大［我把农业前的一夫一妻制称为"一对一"（dyad），因为我不知道当时有没有现在所谓的"婚姻"］。毕竟这些男性可以投入非常少的资源，就多一个孩子，而他们不忠的事几乎可以确定不会被发现。他们也能利用人类性行为的一个特质——通常发生在隐秘的地方（其他物种很少有"隐秘"的性行为，据说人类的性交模式变化自其他巨猿不想被平常的配偶发现时，采取的"隐蔽"性交）。古代男性不忠，稳赚不赔，这种本性或许能解释有外遇的男性通常说自己盲目而按直觉走，甚至无法思考行为的后果，天真得难以置信。或许12000年前，这样的行为并没有什么严重后果。

的确，不忠的倾向似乎是深植在人类男性族群的现象，虽然有些男性的状况比其他人更糟。研究显示，有些男性会因为情绪功能低下而发生短暂的关系，有些男性的倾向则和正面的人格特质有关，例如自信和自尊（经历一连串短暂关系的女性则没有这种情形）。另外，最近的生理学研究发现，许多物种单一配偶与守护配偶的脑部程序，也在决定男性有没有外遇上起到了某种作用。例如，催产素（oxytocin）和精胺酸加压素（arginine vasopressin）这两种化学物质的分泌，已知是某些田鼠种类建立与维持一夫一妻配对的关键。催产素与精胺酸加压素系统的差异，或许能解释为什么有些田鼠种类是一夫一妻制,有些则不是,而在许多脊椎动物的社会中,亲密关系背后可能都有类似的机制。有个基因负责制造的蛋白会和精胺酸加压素结合,说来有趣,有这种基因的男性比较不会结婚,如果结婚了,他们伴侣的婚姻满意度调查评分通常比较低,感觉到的关系紧密度也比较低。此外,有个与多巴胺有关的神经系统也和不忠有关——有个基因会制造多巴胺结合蛋白,如果男性的这个基因属于某些变异型,他就比较可能有一夜情。

非要说的话,女性外遇的原因就更复杂了。她们承受着怀孕和哺乳的负担,所以狩猎采集的女性要有一对一之外的性交,想必有很具说服力的理由。许多灵长类的雌性拥有多个性伴侣,是为了达到各种目的——平常有更多雄性保护、从多个雄性处得到资源,或是离开原配而和更理想的新对象在一起的前奏。中年人类女性是唯一生育力有时限的动物,因此面临了一个特别棘手的抉择。有人主张,许多中年女性和其他雌性灵长类相同,外遇是一种在最后机会与"基因博弈"的手段——为了拥有一个遗传基因上特别优异的男性,让她们怀上最后一个孩子,而后她们打算回到平时的伴侣身边,让他帮忙抚养这个孩子。因此女性外遇的驱动力也一样强烈(怀孕对女性而言是极大的承诺)——只是在她们身上,利害关系会更加突出。

所以,中年女性外遇有非常强烈的演化理由,这可以解释为什么中年女性外遇的概率只比中年男性低一点(研究显示低了10%到30%)。而一对一之外的性爱对女性的确有享乐主义的诱惑,女性外遇时比较容易达到高潮。

大部分的人类史前时期，人类通常穿的不多，在隐秘的地方性交，而且没办法做亲子测试。这样看来，中年人有时候会想入非非，还算奇怪吗？

说到想入非非，有充分证据指出，现代中年人可能是感情和性爱有碍风化的一群家伙。人类为了各种理由而调情，为了吸引长期或短期的伴侣、排解无聊、激起性欲、重新确立自我形象、表现自己性的自信，或是刺激伴侣的灵敏性，而中年时，调情可能比青年时期更不遮掩。青春期那种犹豫、漫长的追求已经是过去式，到了中年，人们常常急于切入正题。不过研究显示，中年调情的重点常常不是吸引新伴侣，而是针对现有的伴侣。演化生物学家越来越关注性嫉妒这一现象。我们现在认为这是有利的特征，可能防止许多不好的事，如失去伴侣、失去社会地位、把资源让给另一个女人的后代，或是意外养了其他男人的孩子。这一切引起嫉妒的东西在人类来到中年时，仍然是可能的威胁。留住伴侣的方式，除了激起嫉妒，还有美貌或生育力，但在中年时期，嫉妒之外的方式渐渐不管用了。说来矛盾，性嫉妒在中年可能变得更强烈、更重要，尽管我们的伴侣对其他人没那么有吸引力了。

现在已有明确的证据证明，这种中年的性骚动会使人做出他们二十年前看了可能皱眉的行为。许多中年父母不断告诫青少年子女别做那些"不负责任"的行为，但自己却沉溺其中。在一项英国研究中，45—54岁的人中，有五分之一表示曾和长期伴侣之外的人发生过没有防护措施的性行为。一则美国的研究显示，40岁以上的女性怀孕者，有51%都是意外怀孕；英国40—44岁怀孕女性最后终止怀孕的比例,和16岁以下相同。这情况或许有很简单的理由,研究显示,中年女性低估了怀孕的风险;媒体不断过度强调年长女性普遍不孕,而医疗系统很少重视中年避孕的问题。然而,我认为这些"不负责任"行为的主因是深植人脑的驱动力,因为中年性行为的"不负责任"在演化上或许有利。例如,中年意外生子的比例,多少可以用女性潜意识的"基因博弈"或男性的"隐蔽"性交来解释。

类似的原因使得中年人得性病的概率高得惊人。英国的HIV新增病例之中,有8%发生于50岁以上,这个年龄群组的感染率增加得比其他年龄群组更快,2000—2007年之间增加了超过一倍。有时候人们认为,这些情况可能是因为中年人离婚或丧偶后,重新进入约会的世界,但我们已经知道,中年离婚和丧偶的情况都少于成年初期。相反地,研究显示,中年人普遍低估他们感染性病的风险,我要再度强调,这反映了中年人根深蒂固的冲动,他们在重新评估性和爱的选择时,完全把谨慎抛到九霄云外。

有种行为可能严重影响性病的发生率:交换伴侣,这在某篇期刊文章里被委婉定义为"双方同意互相参与一对一之外的性爱"。交换伴侣是不寻常的性行为,因为这种行为似乎在表面上有违我们理解的性关系与感情关系的经营模式。然而,现在认为,交换伴侣并不是完全压抑夫妻的性嫉妒,而是用那样的嫉妒刺激性兴奋。不论交换伴侣的心理学根据是什么,有一种错误认识认为,交换伴侣在中年还算常见,而且使得光顾性病治疗所(以及确诊)的中年人数多得不成比例。

所以，中年关系表面上稳定，却藏着一锅滚滚沸腾的生物冲动、心理矛盾和演化的驱动力。农业出现之后，人类在定居生活密集而高压的环境中磨炼时，发展出终身一夫一妻制，帮助我们处理这些情况的不利影响。然而时至今日，男女之间这种由来已久的基本的生理差异依然在破坏着我们之间的关系，这在中年比其他人生阶段更加明显。我们来到中年时，随着发育的"生命时钟"无情地滴答走进人生的四五十岁，男性和女性的差异更大了；他们的收入、他们和子女的关系、他们的生育力、他们在他人眼中的吸引力，等等。其中最具破坏性的差异，是我们在过去几百万年中，得到的那些压抑而盲目的冲动——那些冲动促使他们在每一次繁衍中获得成功，而不去理会谁会受到伤害。

不过证据显示，虽然有这些矛盾的冲动，中年的关系却意外地稳固，只是恐怕有些低俗的趣味。那些陈腔滥调并不像我们想得那么正确。男人不会总是想为了年轻的模特而抛弃他们的妻子；造成出轨的原因，通常不是想离开长期伴侣的冲动；外遇一般不会是离婚的唯一原因；而婚外情常常不像婚姻那么能满足情绪。中年的性和爱不是因为平静或无聊所以能延续，而是因为这代表了两人对彼此最复杂的承诺。毕竟我们到中年的时候，终于真正长大了。

山顶的风景

The View from the Summit

你得到了比其他动物更优雅的躯体，得到灵敏灵活的行动力，还有最敏锐细腻的感官，你得到了智慧、理性和回忆，仿佛不朽的神。

——莱昂·巴蒂斯塔·阿尔伯蒂（Leon Battista Alberti），

《论灵魂之宁静》（*Della tranquillitá dell'animo*），1441年

所以，我们在70年人生旅程中的第四五十年里，学到了什么？

中年常常被视为人生中平静烦闷的一个阶段——是介于年轻的光明和老年的昏暗之间的那道灰色。不过，我们以动物学来探讨人类生物学，发现中年远远不止这样。我们看到了数百万年来，我们基因里的数字密码被重新设定、改变我们生命的形态，最后人类生命

蓝图演化得异常古怪。而中年一直是这一过程的一个关键元素，史前人类惊人地长寿，自然选择因此有充分的机会塑造人生四五十岁的时光。人类活在能量密集的高压信息经济之中，和其他动物截然不同，而我们头脑发达的能力、运用这样的头脑养育子女的漫长岁月，都让我们发展出其他动物没有的一个生命阶段。其他动物虽然会经历成年时期的中期时光，但它们从来不曾经历类似我们"中年"这样美妙的事。就像阿尔伯蒂所写的，我们人类有"智慧、理性和回忆，仿佛不朽的神"，少了中年人，我们绝对无法拥有这些。

在本书里，我们发现人类的中年不只是过去几十年的文明新发明，还是明确的生物现象，在我们种下第一批农作物前的几百万年就内建在我们身上。我们一次又一次看到，中年根本不是逐渐衰退年老的模糊过程；相反地，中年牵涉太多明确、突然而独特的改变。

不过我们并没有因此就能简单地定义中年，反而有了一串近似定义的清单。这18种定义在本书里各成一章。所以中年有各种风貌，包括：

- 出现在人生的40—60岁之间。
- 是"生命时钟"和"死亡时钟"的平衡时期。
- 是人类后生殖期的独特阶段，但自然选择仍然作用在这一时期的人类身上。
- 我们的角色改变，从生育和养育变成提供资源和保存文化。
- "体细胞"（soma）真正开始显得可以抛弃。
- 这时人类利用能量的效率高得惊人。

- 已知的宇宙中最聪明的动物达到认知的巅峰。
- 感知的时间本质、意义、价值和急迫性都改变了。
- 人生的成就从青春的希望，变成实际而无法避免的现实。
- 我们的认知与情感达到完美的平衡。
- 我们精神稳定的美妙时光。
- 我们和彼此差异最大的时候。
- 生育力逐渐衰退，性有了新的意义。
- 这时照顾现有的子女比生育更多子女更重要。
- 这时男性的生育地位和女性差异最大。
- 不论别人怎么说，这时候我们还能生下健康的宝宝。
- 是自由性交、无避孕的夫妻最后一个孩子长大的时光。
- 虽然受到种种因素影响，伴侣关系仍然是最稳定的时期。

　　你已经看完这么多页才出现这份清单，我想这是最理想的定义了。我没有简短又巧妙的中年定义，没有一小段名言，如果有的话，那不是贬低了中年吗？中年需要用这一系列的特质来定义，单独的特质无法定义中年，但结合起来就可以。我们在地球上停留的时间短暂而宝贵，没有那么多十年让所有这些事在人生中有各自的阶段，所以我们才把这些事都混在一起，塞进20年左右的时间。时间紧迫，所以我们才有18种彼此重叠的中年定义，这也是人类之所以为人类的18个正面要素。

　　你一定发现了，这本书并不是自我成长的书。我写这篇结语的时候是42岁——刚开始进入我的中年——所以我没什么立场告诉你该怎么度过你的中年。这本书的最后，我并没有不可思议的洞见要传授给你。是啊，注意体重、别吸烟、多运动、多动脑，别太担心未来，这些当然有好处。不过恐怕也就这样了。中年时期，个人的身体、心智和自我都会经历全面的再评估，还有你的关系、角色、欲望和方向也是。这种事每个人都得自己思考解决。我只是试着说明，为何这么多四五十岁的家伙做出我们在做的这些怪事。

这本书说的是中年的新故事，希望在这本书的最后，你不会觉得无能为力，不会觉得每个念头和行为都被演化之手霸道地宰制。我得承认，有时我可能把不少影响归因于我们的基因、生理特质和演化史，但这情有可原。人类各项运作所需的信息，有这么多都借由基因传递，所以每个人的天性必定有一大部分是受基因影响。然而，我们还是必须知道，人类有个地方不一样——人类有办法规避演化。我们所有人显然都有自由意志。每个人都能自主选择要做什么。

所以，你可以抵抗你的演化遗传。虽然这么做不会让演化遗传消失，但你也不会有多少损失。努力保持年轻的外表，晚点生孩子，做些年轻时被禁止但你希望当时做的事。我们很幸运，活在人类历史上最适合当中年人的时代。这个时代的 40 岁男女，有信心可以健健康康地活到 60 岁。我们都有自由、时间和智慧在中年做想做的事。只要善加利用你拥有的，然后别忘了，不朽的诸神不会拿他们的中年时间来烦恼无法控制的衰退。他们会把那段时间用在美妙而有生产力的变化之中。

致　谢

Acknowledgments

　　一如往常，我想谢谢我的经纪人彼得·泰立克（Peter Tallack），还有我在波多贝罗出版社（Portobello）的编辑劳拉·巴柏（Laura Barber），谢谢他们让我在出版这个神秘世界里盲目摸索的路上没那么艰辛。另外，还有许多学者给了我想法，最后开花结果，但我特别想感谢杰·史塔克（Jay Stock），他指点我史前人类史的迷人文献，还有盖文·贾维斯（Gavin Jarvis），他说服我胶原蛋白的确迷人。当然我也要感谢我的家人和朋友（这之中似乎有越来越多比我年轻的人）。至于我的写作环境，我要感谢凯斯·杰瑞特（Keith Jarrett）、艾伦·柯普兰（Aaron Copland）和大举进攻乐队（Massive Attack）。

参考文献

Selected Bibliography

Abbott, R.A., Croudace, T.J., Ploubidis, G.B., Kuh, D., Richards, M. and Huppert, F.A. (2008). The relationship between early personality and midlife psychological well-being: evidence from a UK birth cohort study. *Social Psychiatry and Psychiatric Epidemiology* 43, 679–87.

Allen, J.S., Bruss, J. and Damasio, H. (2005). The aging brain: the cognitive reserve hypothesis and hominid evolution. *American Journal of Human Biology* 17, 673–89.

Allman, J., Hakeem, A. and Watson, K. (2002). Two phylogenetic specializations in the human brain. *Neuroscientist* 8, 335–46.

Alterovitz, S.S. and Mendelsohn, G.A. (2009). Partner preferences across the life span: online dating by older adults. *Psychology and Aging* 24, 513–17.

Apperloo, M.J., Van Der Stege, J.G., Hoek, A. and Weijmar Schultz, W.C. (2003). In the mood for sex: the value of androgens. *Journal of Sex and Marital Therapy* 29, 87–102.

Arck, P.C., Overall, R., Spatz, K., Liezman, C., Handjiski, B., Klapp, B.F. and Birch-Machin, M.A. (2006). Towards a 'free radical theory of graying': melanocyte apoptosis in the aging human hair follicle is an indicator of oxidative stress induced tissue damage. *FASEB Journal* 20, 1567–9.

Armelagos, G.J. (2000). Emerging disease in the third epidemiological transition. In Mascie-Taylor, N., Peters, J. and McGarvey, S.T., eds. *The Changing Face of Disease*. Boca Raton, Florida: CRC Press.

Atlantis, E. and Ball, K. (2008). Association between weight perception and psychological distress. *International Journal of Obesity* 32, 715–21.

Ayoola, A.B., Nettleman, M. and Brewer, J. (2007). Reasons for unprotected intercourse in adult women. *Journal of Women's Health* 16, 302–10.

Aytaç, I.A., Araujo, A.B., Johannes, C.B., Kleinman, K.P. and McKinlay, J.B. (2000). Socioeconomic factors and incidence of erectile dysfunction: findings of the longitudinal Massachussetts Male Aging Study. *Social Science & Medicine* 51, 771.

Bainbridge, D.R.J. (2000). *A Visitor Within: The Science of Pregnancy.* London: Weidenfeld and Nicolson.

Bainbridge, D.R.J. (2003). *The X in Sex: How the X Chromosome Controls our Lives.* Cambridge, Massachusetts: Harvard University Press.

Bainbridge, D.R.J. (2008). *Beyond the Zonules of Zinn: A Fantastic Journey Through Your Brain.* Cambridge, Massachusetts: Harvard University Press.

Bainbridge, D.R.J. (2009). *Teenagers: A Natural History.* London: Portobello.

Baltes, P.B. (1997). On the incomplete architecture of human ontogeny. Selection, optimization, and compensation as foundation of developmental theory. *American Psychologist* 52, 366–80.

Barker, D.J., Winter, P.D., Osmond, C., Margetts, B. and Simmonds, S.J. (1989). Weight in infancy and death from ischaemic heart disease. *Lancet* 2, 577–80.

Barrickman, N.L., Bastian, M.L., Isler, K. and van Schaik, C.P. (2008). Life history costs and benefits of encephalization: a comparative test using data from long-term studies of primates in the wild. *Journal of Human Evolution* 54, 568–90.

Bellino, F.L. and Wise, P.M. (2003). Nonhuman primate models of menopause workshop. *Biology of Reproduction* 68, 10–18.

Bellisari, A. (2008). Evolutionary origins of obesity. *Obesity Reviews* 9, 165–80.

Berkowitz, G.S., Skovron, M.L., Lapinski, R.H. and Berkowitz, R.L. (1990). Delayed childbearing and the outcome of pregnancy.

New England Journal of Medicine 322, 659–64.

Birditt, K.S. and Fingerman, K.L. (2003). Age and gender differences in adults' descriptions of emotional reactions to interpersonal problems. *The Journals of Gerontology. Series B, Psychological Sciences and Social Sciences* 58, 237–45.

Birley, H. and Renton, A. (1999). The evolution of monogamy in humans. *Sexually Transmitted Infections* 75, 126.

Blanchard-Fields, F (2009). Flexible and adaptive socio-emotional problem solving in adult development and aging. *Restorative Neurology and Neuroscience* 27, 539–50.

Blanchflower, D.G. and Oswald, A.J. (2008). Is well-being U-shaped over the life cycle? *Social Science and Medicine* 66, 1733–49.

Blickstein, I. (2003). Motherhood at or beyond the edge of reproductive age. *International Journal of Fertility and Women's Medicine* 48, 17–24.

Bluming, A.Z. and Tavris, C. (2009). Hormone replacement therapy: real concerns and false alarms. *Cancer Journal* 15, 93–104.

Blurton Jones, N.G., Hawkes, K. and O'Connell, J.F. (2002). Antiquity of postreproductive life: are there modern impacts on hunter-gatherer postreproductive life spans? *American Journal of Human Biology* 14, 184–205.

Bogin, B. (2009). Childhood, adolescence, and longevity: A multi-level model of the evolution of reserve capacity in human life history. *American Journal of Human Biology* 21, 567–77.

Bonsall, M.B. (2006). Longevity and ageing: appraising the evolutionary consequences of growing old. *Philosophical Transactions of the Royal Society of London B: Biological Sciences* 361, 119–35.

Booth, A. and Edwards, J.N. (1992). Why remarriages are more unstable. *Journal of Family Issues* 13, 179–94.

Borg, M.O. (1989). The income–fertility relationship: effect of the net price of a child. *Demography* 26, 301–10.

Borod, J.C. et al. (2004). Changes in posed facial expression of emotion across the adult life span. *Experimental Aging Research* 30, 305–31.

Boserup, E. (1965). *The Conditions of Agricultural Growth*. Chicago, Illinois: Aldine.

Bowles, J.T. (1998). The evolution of aging: a new approach to an old problem of biology. *Medical Hypotheses* 51, 179–221.

Braver, T.S. and Barch, D.M. (2002). A theory of cognitive control, aging cognition, and neuromodulation. *Neuroscience and Biobehavioral Reviews* 26, 809–17.

Bremner, J.D., Vythilingam, M., Vermetten, E., Vaccarino, V. and Charney, D.S. (2004). Deficits in hippocampal and anterior cingulate functioning during verbal declarative memory encoding in midlife major depression. *American Journal of Psychiatry* 161, 637–45.

Brewis, A. and Meyer, M. (2005). Marital coitus across the life course. *Journal of Biosocial Science* 37, 499–517.

Brim, O.G. (1976). Theories of the midlife crisis. *Counseling Psychologist* 6, 2–9.

Brim, O.G., Ryff, C.D and Kessler, R.C., eds. (2004). *How Healthy are We?* Chicago, Illinois: Chicago University Press.

Britton, A., Singh-Manoux, A. and Marmot, M. (2004). Alcohol consumption and cognitive function in the Whitehall II Study. *J* 160, 240–7.

Bromberger, J.T., Kravitz, H.M., Wei, H.L., Brown, C., Youk, A.O., Cordal, A., Powell, L.H. and Matthews, K.A. (2005). History of depression and women's current health and functioning during midlife. *General Hospital Psychiatry* 27, 200–8.

Brubaker, T. (1983). *Family Relationships in Later Life*. Thousand Oaks, California: Sage.

Bukovsky, A., Caudle, M.R., Svetlikova, M., Wimalasena, J., Ayala, M.E. and Dominguez, R. (2005). Oogenesis in adult mammals, including humans: a review. *Endocrine* 26, 301–16.

Burkart, J.M. and van Schaik, C.P. (2009). Cognitive consequences of cooperative breeding in primates? *Animal Cognition* 13, 1–19.

Buss, D.M. (2002). Human mate guarding. *Neuro Endocrinology Letters* 23 Supplement 4, 23–9.

Buss, D.M., Shackelford, T.K. and LeBlanc, G.J. (2000). Number of children desired and preferred spousal age difference: context-specific mate preference patterns across 37 cultures. *Evolution and Human Behaviour* 21, 323–31.

Cabeza, R. (2001). Cognitive neuroscience of aging: contributions of functional neuroimaging. *Scandinavian Journal of Psychology*, 42, 277–86.

Cabeza, R., Anderson, N.D., Locantore, J.K. and McIntosh, A.R. (2002). Aging gracefully: compensatory brain activity in high-performing older adults. *NeuroImage* 17, 1394–1402.

Callaghan, T.M. and Wilhelm, K.-P. (2008). A review of ageing and an examination of clinical methods in the assessment of ageing skin. Part I: Cellular and molecular perspectives on skin ageing. *International Journal of Cosmetic Science* 30, 313–22.

Cant, M.A. and Johnstone, R.A. (2008). Reproductive conflict and the separation of reproductive generations in humans. *Proceedings of the National Academy of Sciences USA* 105, 5332–6.

Carnoy, M. and Carnoy, D. (1995). *Fathers of a Certain Age.* Minneapolis, Minnesota: Fairview Press.

Carstensen, L.L. (1992). Motivation for social contact across the life span: a theory of socioemotional selectivity. *Nebraska Symposium on Motivation* 40, 209–54.

Carver, C.S. (2000). On the continuous calibration of happiness. *American Journal of Mental Retardation* 105, 336–41.

Caspari, R. and Lee, S.H. (2004). Older age becomes common late in human evolution. *Proceedings of the National Academy of Sciences USA* 101, 10895–900.

Caspari, R. and Lee, S.H. (2006). Is human longevity a consequence of cultural change or modern biology? *American Journal of Physical Anthropology* 129, 512–17.

Charles, S.T. and Carstensen, L.L. (2008). Unpleasant situations elicit different emotional responses in younger and older adults. *Psychology and Aging* 23, 495–504.

Charlesworth, B. (1993). Evolutionary mechanisms of senescence. *Genetica* 91, 11–19.

Charmantier, A., Perrins, C., McCleery, R.H. and Sheldon, B.C. (2006). Quantitative genetics of age at reproduction in wild swans: support for antagonistic pleiotropy models of senescence. *Proceedings of the National Academy of Sciences USA* 103, 6587–92.

Childe, V.G. (1951). *Man Makes Himself.* New York: Mentor.

Clark, A.E. and Oswald, A.J. (2003). How much do external factors affect wellbeing? A way to use 'happiness economics' to decide. *The Psychologist* 16, 140–1.

Clark, A.E., Oswald, A.J. and Warr, P. (1996). Is job satisfaction U-shaped in age? *Journal of Occupational and Organizational Psychology* 69, 57–81.

Coelho, M., Ferreira, J.J., Dias, B., Sampaio, C., Pavão Martins, I. and Castro-Caldas, A. (2004). Assessment of time perception: the effect of aging. *Journal of the International Neuropsychological Society* 10, 332–41.

Cohen, A.A. (2004). Female post-reproductive lifespan: a general mammalian trait. *Biological Reviews of the Cambridge Philosophical Society* 79, 733–50.

Cohen, M.N. and Armelagos, G.J., eds. (1984). *Paleopathology at the origins of agriculture.* Orlando, Florida: Academic Press.

Coleman, S.W., Patricelli, G.L. and Borgia, G. (2004). Variable female preferences drive complex male displays. *Nature* 428, 742–5.

Cornelis, I., Van Hiel, A., Roets, A. and Kossowska, M. (2009). Age differences in conservatism: evidence on the mediating effects of personality and cognitive style. *Journal of Personality* 77, 51–87.

Costa, R.M. and Brody, S. (2007). Women's relationship quality is associated with specifically penile-vaginal intercourse orgasm and frequency. *Journal of Sex and Marital Therapy* 33, 319–27.

Cotar, C., McNamara, J.M., Collins, E.J. and Houston, A.I. (2008). Should females prefer to mate with low-quality males? *Journal of Theoretical Biology* 254, 561–7.

Craik, F.I. and Bialystok, E. (2006). Cognition through the lifespan: mechanisms of change. *Trends in Cognitive Sciences* 10, 131–8.

Crews, D.E. and Garruto, R.M. (1994). *Biological Anthropology and Aging.* New York: Oxford University Press.

Crews, D.E. and Gerber, L.M. (2003). Reconstructing life history of hominids and humans. *Collegium Antropologicum* 27, 7–22.

Cutler, R.G. (1975). Evolution of human longevity and the genetic complexity governing aging rate. *Proceedings of the National Academy of Sciences USA* 81, 7627–31.

Cyrus Chu, C.Y. and Lee, R.D. (2006). The co-evolution of intergenerational transfers and longevity: an optimal life history approach. *Theoretical Population Biology* 69, 193–201.

Dakouane, M., Bicchieray, L., Bergere, M., Albert, M., Vialard, F. and Selva, J. (2005). A histomorphometric and cytogenetic study of testis from men 29–102 years old. *Fertility and Sterility* 83, 923–8.

Davidson, R.J. (2004). Well-being and affective style: neural substrates and biobehavioural correlates. *Philosophical Transactions of the Royal Society of London B: Biological Sciences* 359, 1395–441.

De Rooij, S.R., Schene, A.H., Phillips, D.I. and Roseboom, T.J. (2010). Depression and anxiety: Associations with biological and perceived stress reactivity to a psychological stress protocol in a middle-aged population. *Psychoneuroendocrinology* 35, 866–77.

Deary, I.J., Allerhand, M. and Der, G. (2009). Smarter in middle age, faster in old age: a cross-lagged panel analysis of reaction time and cognitive ability over 13 years in the West of Scotland Twenty-07 Study. *Psychology and Aging* 24, 40–7.

Deeley, Q. (2008). Changes in male brain responses to emotional faces from adolescence to middle age. *NeuroImage* 40, 389–97.

Demerath, E.W., Cameron, N., Gillman, M.W., Towne, B., Siervogel, R.M. (2004). Telomeres and telomerase in the fetal origins of cardiovascular disease: a review. *Human Biology* 76, 127–46.

Dennerstein, L., Dudley, E. and Guthrie, J. (2002). Empty nest or revolving door? A prospective study of women's quality of life in midlife during the phase of children leaving and re-entering the home. *Psychological Medicine* 32, 545–50.

Desta, B. (1994). Ethiopian traditional herbal drugs. Part III: Anti-fertility activity of 70 medicinal plants. *Journal of Ethnopharmacology* 44, 199–209.

Deykin, E.Y., Jacobson, S., Klerman, G. and Solomon, M. (1966). The empty nest: psychosocial aspects of conflict between depressed women and their grown children. *American Journal of Psychiatry* 122, 1422–6.

Doshi, J.A., Cen, L. and Polsky, D. (2008). Depression and retirement in late middle-aged U.S. workers. *Health Services Research* 43, 693–713.

Downs, J.L. and Wise, P.M. (2009). The role of the brain in female reproductive aging. *Molecular and Cellular Endocrinology* 299, 32–8.

Draaisma, D. (2004). *Why Life Speeds Up As You Get Older.* Cambridge: Cambridge University Press.

Drefahl, S. (2010). How does the age gap between partners affect their survival? *Demography* 47, 313–26.

Duetsch, H. (1945). *The Psychology of Women: A Psychoanalytical Interpretation.* New York, New York: Grune and Stratton.

Dukers-Muijrers, N.H., Niekamp, A.M., Brouwers, E.E. and Hoebe, C.J. (2010). Older and swinging; need to identify hidden and emerging risk groups at STI clinics. *Sexually Transmitted Infections* 86, 315–17.

Eagleman, D.M. (2008). Human time perception and its illusions. *Current Opinion in Neurobiology* 18, 131–6.

Earle, J.R., Smith, M.H., Harris, C.T., Longino, C.F. (1998). Women, marital status, and symptoms of depression in a midlife national sample. *Journal of Women & Aging* 10, 41–57.

Ecob, R., Sutton, G., Rudnicka, A., Smith, P., Power, C., Strachan, D. and Davis, A. (2008). Is the relation of social class to change in hearing threshold levels from childhood to middle age explained by noise, smoking, and drinking behaviour? *International Journal of Audiology* 47, 100–8.

Elovainio, M. and others (2009). Physical and cognitive function in midlife: reciprocal effects? A 5-year follow-up of the Whitehall II study. *Journal of Epidemiology and Community Health* 63, 468–73.

Eskes, T. and Haanen, C. (2007). Why do women live longer than men? *European Journal of Obstetrics, Gynecology and Reproductive Biology* 133, 126–33.

Fahrenberg, B. (1986). Coping with the empty nest situation as a developmental task for the aging female – an analysis of the literature. *Zeitschrift für Gerontologie* 19, 323–5.

Farrell, M.P. and Rosenberg, S.D. (1981). *Men at Midlife.* Dover, Massachusetts: Auburn House.

Fedigan, L.M. and Pavelka, M.S. (1994). The physical anthropology of menopause. In Hening, A. and Chang, L., eds. *Strength in*

Diversity: A Reader in Physical Anthropology. Toronto: Canadian Scholar's Press.

Fenske, N.A. and Lober, C.W. (1986). Structural and functional changes of normal aging skin. *Journal of the American Academy of Dermatology* 15, 571–85.

Fernández, L., Miró, E., Cano, M. and Buela-Casal, G. (2003). Age-related changes and gender differences in time estimation. *Acta Psychologica* 112, 221–32.

Fieder, M. and Huber, S. (2007). Parental age difference and offspring count in humans. *Biology Letters* 22, 689–91.

Filene, P.G. (1981). *Men in the Middle.* Englewood Cliffs, New Jersey: Prentice-Hall.

Finch, C.E. (2009). The neurobiology of middle-age has arrived. *Neurobiology of aging* 30, 515–20.

Fogarty, M.P. (1975). *Forty to Sixty.* London: Bedford Square Press.

Foley, R.A. and Lee, P.C. (1991). Ecology and energetics of encephalization in hominid evolution. *Philosophical Transactions of the Royal Society of London B: Biological Sciences* 334, 223–31.

Fortunato, L. and Archetti, M. (2010). Evolution of monogamous marriage by maximization of inclusive fitness. *Journal of Evolutionary Biology* 23, 149–56.

Fox, M., Sear, R., Beise, J., Ragsdale, G., Voland, E. and Knapp, L.A. (2010). Grandma plays favourites: X-chromosome relatedness and sex-specific childhood mortality. *Proceedings of the Royal Society B* 277, 567–73.

Freund, A.M. and Ritter, J.O. (2009). Midlife crisis: a debate. *Gerontology* 55, 582–91.

Frisch, R.E. (2002). *Female Fertility and the Body Fat Connection.* Chicago, Illinois: Chicago University Press.

Garcia, J.R., MacKillop, J., Aller, E.L., Merriwether, A.M., Wilson, D.S. and Lum, J.K. (2010). Associations between dopamine D4 receptor gene variation with both infidelity and sexual promiscuity. *PLoS One* 5, e14162.

Garcia, L.T. and Markey, C. (2007). Matching in sexual experience for married, cohabitating, and dating couples. *Journal of Sex Research* 44, 250–5.

Gavrilova, N.S., Gavrilov, L.A., Semyonova, V.G. and Evdokushkina, G.N. (2004). Does exceptional human longevity come with a high cost of infertility? Testing the evolutionary theories of aging. *Annals of the New York Academy of Science* 1019, 513–17.

Genovese, R.G. (1997). *Americans at Midlife.* Westport, Connecticut: Bergin & Garvey.

Gibson, M.A., Mace, R. (2007). Polygyny, reproductive success and child health in rural Ethiopia: why marry a married man? *Journal of Biosocial Science* 39, 287–300.

Gilbert, P. and Allan, S. (1998). The role of defeat and entrapment (arrested flight) in depression: an exploration of an evolutionary view. *Psychological Medicine* 28, 585–98.

Glenn, N. (2009). Is the apparent U-shape of well-being over the life course a result of inappropriate use of control variables? A commentary on Blanchflower and Oswald. *Social Science and Medicine* 69, 481–5.

Gofrit, O.N. (2006). The evolutionary role of erectile dysfunction. *Medical Hypotheses* 67, 1245–9.

Goldbacher, E.M., Bromberger, J. and Matthews, K.A. (2009). Lifetime history of major depression predicts the development of the metabolic syndrome in middle-aged women. *Psychosomatic Medicine* 71, 266–72.

Gould, S.J. (2002). *The Structure of Evolutionary Theory.* Cambridge, Massachusetts: Harvard University Press.

Guillemard, A.M. (1972) *La Retraite – une Morte Sociale.* Paris: La Haye: Mouton.

Gunn, D.A. et al. (2009). Why some women look young for their age. *PLoS One* 4, e8021.

Gunstad, J., Cohen, R.A., Paul, R.H., Luyster, F.S. and Gordon, E. (2006). Age effects in time estimation: relationship to frontal brain morphometry. *Journal of Integrative Neuroscience* 5, 75–87.

Gustafson, D.R. and others (2009). Adiposity indicators and dementia over 32 years in Sweden. *Neurology* 73, 1559–66.

Guyuron, B., Rowe, D.J., Weinfeld, A.B., Eshraghi, Y., Fathi, A. and Iamphongsai, S. (2009). Factors contributing to the facial aging of identical twins. *Plastic and Reconstructive Surgery* 123, 1321–31.

Hager, L.D. (1997). *Women in Human Evolution.* London: Routledge.

Hammock, E.A. and Young, L.J. (2006). Oxytocin, vasopressin and pair bonding: implications for autism. *Philosophical Transactions of the Royal Society of London B: Biological Sciences* 361, 2187–98.

Hampson, S.E., Goldberg, L.R., Vogt, T.M. and Dubanoski, J.P. (2006). Forty years on: teachers' assessments of children's personality traits predict self-reported health behaviors and outcomes at midlife. *Health Psychology* 25, 57–64.

Hancock, P.A. (2010). The effect of age and sex on the perception of time in life. *American Journal of Psychology* 123, 1–13.

Hancock, P.A. and Rausch, R. (2010). The effects of sex, age, and interval duration on the perception of time. *Acta Psychologica* 133, 170–9.

Harlow, B.L. and Signorello, L.B. (2000). Factors associated with early menopause. *Maturitas* 35, 3–9.

Harris, M.B. (1994). Growing Old Gracefully: Age Concealment and Gender. *Journal of Gerontology* 49, 149–58.

Hartmann, U., Philippsohn, S., Heiser, K. and Rüffer-Hesse, C. (2004). Low sexual desire in midlife and older women: personality factors, psychosocial development, present sexuality. *Menopause* 11, 726–40.

Haub, C. (1995). How many people have ever lived on earth? *Population Today* 23, 4–5.

Hawkes, K. (2003). Grandmothers and the evolution of human longevity. *American Journal of Human Biology* 15, 380–400.

Hayes, A.F. (1995). Age preferences for same- and opposite-sex partners. *Journal of Social Psychology* 135, 125–33.

Heckhausen, J. and Schulz, R. (1995). A life-span theory of control. *Psychological Review* 102, 284–304.

Helson, R. and Moane, G. (1987). Personality change in women from college to midlife. *Journal of Personality and Social Psychology* 53, 176–86.

Herbst, J.H., McCrae, R.R., Costa, P.T. Jr, Feaganes, J.R. and Siegler, I.C. (2000). Self-perceptions of stability and change in personality at midlife: the UNC Alumni Heart Study. *Assessment* 7, 379–88.

Heys, K.R., Friedrich, M.G. and Truscott, R.J. (2007). Presbyopia and heat: changes associated with aging of the human lens suggest a functional role for the small heat shock protein, alpha-crystallin, in maintaining lens flexibility. *Aging Cell* 6, 807–15.

Hill, K. and Hurtado, A.M. (1991). The evolution of premature reproductive senescence and menopause in human females: an evaluation of the 'grandmother' hypothesis. *Human Nature* 2, 313–50.

Hill, K. and Hurtado, A.M. (2009). Cooperative breeding in South American hunter-gatherers. School of Human Evolution and Social Change. *Proceedings. Biological Sciences* 276, 3863–70.

Hill, K., Hurtado, A.M. and Walker, R.S. (2007). High adult mortality among Hiwi hunter-gatherers: implications for human evolution. *Journal of Human Evolution* 52, 443–54.

Hill, S.E. and Buss, D.M. (2008). The mere presence of opposite-sex others on judgments of sexual and romantic desirability: opposite effects for men and women. *Personality and Social Psychology Bulletin* 34, 635–47.

Huang, L., Sauve, R., Birkett, N., Fergusson, D. and van Walraven, C. (2008). Maternal age and risk of stillbirth: a systematic review. *Canadian Medical Association Journal* 178, 165–72.

Hultén, M.A., Patel, S., Jonasson, J. and Iwarsson, E. (2010). On the origin of the maternal age effect in trisomy 21 Down syndrome: the Oocyte Mosaicism Selection model. *Reproduction* 139, 1–9.

Huppert, F.A. and Baylis, N. (2004). Well-being: towards an integration of psychology, neurobiology and social science. *Philosophical Transactions of the Royal Society of London B: Biological Sciences* 359, 1447–51.

Huppert, F.A., Abbott, R.A., Ploubidis, G.B., Richards, M. and Kuh, D. (2010). Parental practices predict psychological well-being in midlife: life-course associations among women in the 1946 British birth cohort. *Psychological Medicine* 40, 1507–18.

Hurwitz, J.M. and Santoro, N. (2004). Inhibins, activins, and follistatin in the aging female and male. *Seminars in Reproductive Medicine* 22, 209–17.

Imokawa, G. (2009). Mechanism of UVB-induced wrinkling of the skin: paracrine cytokine linkage between keratinocytes and fibroblasts leading to the stimulation of elastase. *Journal of Investigative Dermatology, Symposium Proceedings* 14, 36–43.

Jaffe, D.H., Eisenbach, Z., Neumark, Y.D. and Manor, O. (2006). Effects of husbands' and wives' education on each other's mortality. *Social Science & Medicine* 62, 2014–23.

James, W.H (1983). Decline in Coital Rates with Spouses' Ages and Duration of Marriage. *Journal of Biosocial Science* 15, 83–7.

Jasienska, G., Nenko, I. and Jasienski, M. (2006). Daughters increase longevity of fathers, but daughters and sons equally reduce longevity of mothers. *American Journal of Human Biology* 18, 422–5.

Jéquier, E. (2002). Leptin signaling, adiposity, and energy balance. *Annals of the New York Academy of Science* 967, 379–88.

Johnstone, R.A. and Cant, M.A. (2010). The evolution of menopause in cetaceans and humans: the role of demography. *Proceedings. Biological Sciences* 277, 3765–71.

Jones, T.M., Balmford, A. and Quinnell, R.J. (2000). Adaptive female choice for middle-aged mates in a lekking sandfly. *Proceedings of the Royal Society of London Series B: Biological Sciences* 267, 681–6.

Joseph, R. (2000). The evolution of sex differences in language, sexuality, and visual-spatial skills. *Archives of Sexual Behavior* 29, 35–66.

Joubert, C.E. (1983). Subjective acceleration of time: death anxiety and sex differences. *Perceptual and Motor Skills* 57, 49–50.

Juul, A. and Skakkebaek, N.E. (2002). Androgens and the ageing male. *Human Reproduction Update* 8, 423–33.

Kalmijn, S., van Boxtel, M.P., Ocké, M., Verschuren, W.M., Kromhout, D. and Launer, L.J. (2004). Dietary intake of fatty acids and fish in relation to cognitive performance at middle age. *Neurology* 62, 275–80.

Kaplan, H.S. and Robson, A.J. (2002). The emergence of humans: the coevolution of intelligence and longevity with intergenerational transfers. *Proceedings of the National Academy of Sciences USA* 99, 10221–6.

Kaplan, H.S., Gurven, M., Winking, J., Hooper, P.L. and Stieglitz, J.

(2010). Learning, menopause, and the human adaptive complex. *Annals of the New York Academy of Science* 1204, 30–42.

Kaplan, H.S., Hill, K., Lancaster, J. and Hurtado, A.M. (2000). A theory of human life history evolution. *Evolutionary Anthropology* 9, 156–85.

Kaplan, H.S., Hooper, P.L. and Gurven, M. (2009). The evolutionary and ecological roots of human social organization. *Philosophical Transactions of the Royal Society of London B: Biological Sciences* 364, 3289–99.

Kaplan, H.S., Lancaster, J.B., Tucker, W.T. and Anderson, K.G. (2002). Evolutionary approach to below replacement fertility. *American Journal of Human Biology* 14, 233–56.

Kauth, M.R. (2006). *Handbook of the Evolution of Human Sexuality*. Binghamton, New York: Haworth Press.

Kemkes, A. (2008). Is perceived childlessness a cue for stereotyping? Evolutionary aspects of a social phenomenon. *Biodemography and Social Biology* 54, 33–46.

Kennedy, K.M. and Raz, N. (2009). Aging white matter and cognition: differential effects of regional variations in diffusion properties on memory, executive functions, and speed. *Neuropsychologia* 47, 916–27.

Kenrick, R.C. and Keefe, D.T. (1992). Age preferences in mates reflect sex differences in human reproductive strategies. *Behavioral and Brain Sciences* 15, 75–113.

King, D.E., Cummings, D. and Whetstone, L. (2005). Attendance at religious services and subsequent mental health in midlife women. *International Journal of Psychiatry in Medicine* 35, 287–97.

Kirkwood, T.B. (2008). Understanding ageing from an evolutionary perspective. *Journal of Internal Medicine* 263, 117–27.

Kirkwood, T.B. and Holliday, R. (1979). The evolution of ageing and longevity. *Philosophical Transactions of the Royal Society of London B: Biological Sciences* 205, 531–46.

Kleiman, D.G. (1977). Monogamy in mammals. *Quarterly Review of Biology* 52, 39–69.

Kopelman, P.G. (1997). The effects of weight loss treatments on upper and lower body fat. *International Journal of Obesity and Related Metabolic Disorders* 21, 619–25.

Kruger, A. (1994). The midlife transition: crisis or chimera. *Psychological Reports* 75, 1299–1305.

Kuhle, B.X. (2007). An evolutionary perspective on the origin and ontogeny of menopause. *Maturitas* 57, 329–37.

Labuda, D., Lefebvre, J.F., Nadeau, P. and Roy-Gagnon, M.H. (2010). Female-to-male breeding ratio in modern humans – an analysis based on historical recombinations. *American Journal of Human Genetics* 86, 353–63.

Lahdenperä, M., Lummaa, V., Helle, S., Tremblay, M. and Russell, A.F. (2004). Fitness benefits of prolonged post-reproductive lifespan in women. *Nature* 428, 178–81.

Larke, A. and Crews, D.E. (2006). Parental investment, late reproduction, and increased reserve capacity are associated with longevity in humans. *Journal of Physiological Anthropology*, 25, 119–31.

Larsen, C.S. (2000). *Skeletons in Our Closet: Reading Our Past Through Bioarchaeology*. Princeton, New Jersey: Princeton University Press.

Lassek, W.D. and Gaulin, S.J. (2006). Changes in body fat distribution in relation to parity in American women: a covert form of maternal depletion. *American Journal of Physical Anthropology* 131, 295–302.

Lee, R.B (1969). !Kung bushman subsistence: an input-output analysis. In Vayda, A., ed. *Ecological Studies in Cultural Anthropology*. Garden City, New York: Natural History Press.

Lehrer, E. and Nerlove, M. (1981). The labor supply and fertility behavior of married women: a three-period model. *Research in Population Economics* 3, 123–45.

Lemlich, R. (1975). Subjective acceleration of time with aging. *Perceptual and Motor Skills* 41, 235–8.

León, M.S. and others (2008). Neanderthal brain size at birth provides insights into the evolution of human life history. *Proceedings of the National Academy of Sciences USA* 105, 13764–5.

Leonard, W.R. and Robertson, M.L. (1997). Comparative primate energetics and hominid evolution. *American Journal of Physiological Anthropology* 102, 265–81.

Levine, S.B. (1998). *Sexuality in Midlife*. New York, New York: Plenum Press.

Levinson, D.J., Darrow, C.N., Klein, E.B., Levinson, M.H. and McKee, B. (1978). *The Seasons of a Man's Life*. New York, New York: Knopf.

Lev-Ran, A. (2001). Human obesity: an evolutionary approach to understanding our bulging waistline. *Diabetes/Metabolism Research and Reviews* 17, 347–62.

Levy, B. (2001) Eradication of ageism requires addressing the enemy within. *The Gerontologist* 41, 5.

Lewis, K. (1999). Human longevity: an evolutionary approach. *Mechanisms of Ageing and Development*, 109, 43–51.

Lindau, S.T. and Gavrilova, N. (2010). Sex, health, and years of sexually active life gained due to good health: evidence from two US population based cross sectional surveys of ageing. *British Medical Journal* 340, c810.

Lindau, S.T., Schumm, L.P., Laumann, E.O., Levinson, W., O'Muircheartaigh, C.A. and Waite, L.J. (2007). A study of sexuality and health among older adults in the United States. *New England Journal of Medicine* 357, 762–74.

Ljubuncic, P. and Reznick, A.Z. (2009). The evolutionary theories of aging revisited – a mini-review. *Gerontology*, 55, 205–16.

Longo, V.D., Mitteldorf, J. and Skulachev, V.P. (2005). Programmed and altruistic ageing. *Nature Reviews Genetics* 6, 86672.

Lookingbill, D.P., Demers, L.M., Wang, C., Leung, A., Rittmaster, R.S. and Santen, R.J. (1991). Clinical and biochemical parameters of androgen action in normal healthy Caucasian versus Chinese subjects. *Journal of Clinical Endocrinology and Metabolism* 72, 1242–8.

Lyons, M.J. et al. (2009). Genes determine stability and the environment determines change in cognitive ability during 35 years of adulthood. *Psychological Science*, 20, 1146–52.

Malaspina, D. and others. (2005). Paternal age and intelligence:

implications for age-related genomic changes in male germ cells. *Psychiatric Genetics* 15, 117–25.

Malaspina, D., Perrin, M., Kleinhaus, K.R., Opler, M., Harlap, S. (2008). Growth and schizophrenia: aetiology, epidemiology and epigenetics. *Novartis Foundation Symposia* 289, 196–203.

Martin, R.D. (2007). The evolution of human reproduction: a primatological perspective. *American Journal of Physical Anthropology* supplement 45, 59-84.

Mattila, V. (1987). Onset of functional psychoses in later middle age. Social-psychiatric considerations. *Acta Psychiatrica Scandinavica* 76, 293–302.

McAdams, D.P. and Olson B.D. (2010). Personality development: continuity and change over the life course. *Annual Review of Psychology* 61, 517–42.

Megarry, T. (2005). *Society in Prehistory*. Basingstoke: Macmillan Press.

Miller, G.F. (2000). *The Mating Mind*. New York, New York: Anchor Books.

Mojtabai, R. and Olfson, M. (2004). Major depression in community-dwelling middle-aged and older adults: prevalence and 2- and 4-year follow-up symptoms. *Psychological Medicine* 34, 623–34.

Muller, M.N., Thompson, M.E. and Wrangham, R.W. (2006). Male chimpanzees prefer mating with old females. *Current Biology* 16, 2234–8.

Murphy, C., Wetter, S., Morgan, C.D., Ellison, D.W. and Geisler, M.W. (1998). Age effects on central nervous system activity reflected in the olfactory event-related potential. Evidence for decline in middle age. *Annals of the New York Academy of Science* 855, 598–607.

Murstein, B.I. and Christy, P. (1976). Physical attractiveness and marriage adjustment in middle-aged couples. *Journal of Personality and Social Psychology*, 34, 537–42.

Neu, P., Bajbouj, M., Schilling, A., Godemann, F., Berman, R.M. and Schlattmann, P. (2005). Cognitive function over the treatment course of depression in middle-aged patients: correlation with brain MRI signal hyperintensities. *Journal of Psychiatric Research* 39, 129–35.

Nitardy, F.W. (1943). Apparent time acceleration with age of the individual. *Science* 98, 110.

North, R.J., Holahan, C.J., Moos, R.H. and Cronkite, R.C. (2008). Family support, family income, and happiness: a 10-year perspective. *Journal of Family Psychology* 22, 47583.

Nyklícek, I., Louwman, W.J., Van Nierop, P.W., Wijnands, C.J., Coebergh, J.W. and Pop, V.J. (2003). Depression and the lower risk for breast cancer development in middle-aged women: a prospective study. *Psychological Medicine* 33, 111117.

O'Connor, D.B. and others (2009). Cortisol awakening rise in middle-aged women in relation to psychological stress. *Psychoneuroendocrinology* 34, 1486–94.

Ostovich, J.M. and Rozin, P. (2004). Body image across three generations of Americans: inter-family correlations, gender differences, and generation differences. *Eating and Weight Disorders* 9, 186–93.

Oswald, A.J (1997). Happiness and economic performance. *Economic Journal* 107, 1815–31.

Partridge, L. (201). Evolutionary theories of ageing applied to long-lived organisms. *Experimental Gerontology* 36, 641–50.

Pavard, S.E., Metcalf, C.J. and Heyer, E. (2008). Senescence of reproduction may explain adaptive menopause in humans: a test of the 'mother' hypothesis. *American Journal of Physical Anthropology* 136, 194–203.

Penn, D.J. and Smith, K.R. (2007). Differential fitness costs of reproduction between the sexes. *Proceedings of the National Academy of Sciences USA* 104, 553–8.

Peters, J. and Daum, I (2008). Differential effects of normal aging on recollection of concrete and abstract words. *Neuropsychology* 22, 255–61.

Phillips, L.H. and Allen, R. (2004). Adult aging and the perceived intensity of emotions in faces and stories. *Aging Clinical and Experimental Research* 16, 190–1.

Power, M.L. and Schulkin, J. (2008). Sex differences in fat storage, fat metabolism, and the health risks from obesity: possible evolutionary origins. *British Journal of Nutrition* 99, 931–40.

Power, M.L. and Schulkin, J. (2009). *The Evolution of Obesity.* Baltimore: Johns Hopkins University Press.

Prapas, N., Kalogiannidis, I., Prapas, I., Xiromeritis, P., Karagiannidis, A. and Makedos, G. (2006). Twin gestation in older women: antepartum, intrapartum complications, and perinatal outcomes. *Archives of Gynecology and Obstetrics* 273, 293–7.

Ramsawh, H.J., Raffa, S.D., Edelen, M.O., Rende, R. and Keller, M.B. (2009). Anxiety in middle adulthood: effects of age and time on the 14-year course of panic disorder, social phobia and generalized anxiety disorder. *Psychological Medicine* 39, 615–24.

Ransohoff, R.M. (1990). *Venus After Forty.* Far Hills, New Jersey: New Horizon Press.

Rao, K.V. and Demaris, A. (1995). Coital frequency among married and cohabiting couples in the United States. *Journal of Biosocial Science* 27, 135–50.

Rashidi, A. and Shanley, D. (2009). Evolution of the menopause: life histories and mechanisms. *Menopause International* 15, 26–30.

Reichman, N.E. and Pagnini, D.L. (1997). Maternal age and birth outcomes: data from New Jersey. *Family Planning Perspectives* 29, 268–72.

Reid, J. and Hardy, M. (1999). Multiple roles and well-being among midlife women: testing role strain and role enhancement theories. *The Journals of Gerontology. Series B, Psychological Sciences and Social Sciences* 54, S329–38.

Resnick, S.M., Lamar, M. and Driscoll, I. (2007). Vulnerability of the orbitofrontal cortex to age-associated structural and functional brain changes. *Annals of the New York Academy of Science* 1121, 562–75.

Riddle, J. (1992). *Contraception and Abortion from the Ancient World to the Renaissance.* Cambridge, Massachusetts: Harvard University Press.

Riis, J.L., Chong, H., Ryan, K.K., Wolk, D.A., Rentz, D.M., Holcomb, P.J. and Daffner, K.R. (2008). Compensatory neural activity distinguishes different patterns of normal cognitive aging. *NeuroImage* 39, 441–54.

Ritz-Timme. S. and others (2000). Age estimation: the state of the art in relation to the specific demands of forensic practise. *International Journal of Legal Medicine* 113, 129–36.

Robson, S.L. and Wood, B. (2008). Hominin life history: reconstruction and evolution. *Journal of Anatomy*, 212, 394–425.

Rose, M.R. (1991). *Evolutionary Biology of Aging.* New York, New York: Oxford University Press.

Rossi, A.S. (1994). *Sexuality across the Life Course.* Chicago, Illinois: Chicago University Press.

Ryff, C.D. (1989). In the eye of the beholder: views of psychological well-being among middle-aged and older adults. *Psychology and Aging* 4, 195–201.

Sauvain-Dugerdil, C., Leridon, H., Mascie-Taylor, N., eds. (2006). *Human Clocks: The Bio-cultural Meanings of Age.* Bern: Peter Lang.

Schmidt, P.J., Murphy, J.H., Haq, N., Rubinow, D.R. and Danaceau, M.A. (2004). Stressful life events, personal losses, and peri-menopause-related depression. *Archives of Women's Mental Health* 7, 19–26.

Schmitt, D.P. (2005). Fundamentals of human mating strategies. In Buss, D.M., ed. *Handbook of Evolutionary Psychology.* Hoboken, New Jersey: John Wiley and Sons.

Schmitt, D.P. (2005). Is short-term mating the maladaptive result of insecure attachment? A test of competing evolutionary perspectives. *Personality and Social Psychology Bulletin*, 31, 747–68.

Schnarch, D. (1997). *Passionate Marriage.* New York, New York: Henry Holt.

Segal, S.J. and Mastroianni, L. (2003). *Hormone Use in Menopause and Male Andropause.* New York, New York: Oxford University Press.

Sherman, C.A., Harvey, S.M. and Noell, J. (2005). 'Are they still having sex?' STIs and unintended pregnancy among mid-life women. *Journal of Women & Aging* 17, 41–55.

Singh-Manoux, A., Richards, M. and Marmot, M. (2003). Leisure activities and cognitive function in middle age: evidence from the Whitehall II study. *Journal of Epidemiology and Community Health* 57, 907–13.

Skultety, K.M. and Krauss Whitbourne, S. (2004). Gender differences in identity processes and self-esteem in middle and later adulthood. *Journal of Women and Aging* 16, 175–88.

Stanford, J.L., Hartge, P., Brinton, L.A., Hoover, R.N. and Brookmeyer, R. (1987). Factors influencing the age at natural menopause. *Journal of Chronic Diseases* 40, 995–1002.

Sternberg, R.J. and Grigorenko, E.L. (2004). Intelligence and culture: how culture shapes what intelligence means, and the implications for a science of well-being. *Philosophical Transactions of the Royal Society of London B: Biological Sciences* 359, 1427–34.

Stevens, J., Katz, E.G. and Huxley, R.R. (2010). Associations between gender, age and waist circumference. *European Journal of Clinical Nutrition* 64, 6–15.

Stevens, J.C. (1992). Aging and spatial acuity of touch. *Journal of Gerontology* 47, 35–40.

Stewart, A.J. and Vandewater, E.A. (1999). 'If I had it to do over again . . .': midlife review, midcourse corrections, and women's well-being in midlife. *Journal of Personality and Social Psychology* 76, 270–83.

Strassmann, B.I. (1999). Menstrual cycling and breast cancer: an evolutionary perspective. *Journal of Women's Health* 8, 193–202.

Strehler, B.L. (1979). Polygamy and the evolution of human longevity. *Mechanisms of Ageing and Development* 9, 369–79.

Taylor, T. (1996). *The Prehistory of Sex*. London: Fourth Estate.

Thompson, E.H. (1994). *Older Men's Lives*. Thousand Oaks, California: Sage.

Tishkoff, S.A. et al. (2001). Haplotype diversity and linkage disequilibrium at human G6PD: recent origin of alleles that confer malarial resistance. *Science* 293, 455–62.

Tobin, D.J. and Paus, R. (2001). Graying: gerontobiology of the hair follicle pigmentary unit. *Experimental Gerontology* 36, 29–54.

Tobin, D.J., Hordinsky, M. and Bernard, B.A. (2005). Hair pigmentation: a research update. *Journal of Investigative Dermatology, Symposium Proceedings* 10, 275–9.

Tse, P.U., Intriligator, J., Rivest, J. and Cavanagh, P. (2004). Attention and the subjective expansion of time. *Perception and Psycho-physics* 66, 1171–89.

Tuljapurkar, S.D., Puleston, C.O. and Gurven, M.D. (2007). Why men matter: mating patterns drive evolution of human lifespan. *PLoS One* 2, e785.

Uitto, J. (2008). The role of elastin and collagen in cutaneous aging: intrinsic aging versus photoexposure. *Journal of Drugs in Dermatology* 7, supplement 2, s12–16.

Vaillant, G.E, Bond, M. and Vaillant, C.O. (1986). An empirically validated hierarchy of defense mechansims. *Archives of General Psychiatry* 43, 786–94.

Walker, J.L. (1977). Time estimation and total subjective time. *Perceptual and Motor Skills* 44, 527–32.

Walker, R. et al. (2006). Growth rates and life histories in twenty-two small-scale societies. *American Journal of Human Biology* 18, 295–311.

Wang, M. H. and vom Saal, F.S. (2000). Maternal age and traits in offspring. *Nature* 407, 469–70.

Ward, E.J., Parsons, K., Holmes, E.E., Balcomb, K.C. and Ford, J.K. (2009). The role of menopause and reproductive senescence in a long-lived social mammal. *Frontiers in Zoology* 6, 4.

Waters, D.J., Shen, S. and Glickman, L.T. (2000). Life expectancy, antagonistic pleiotropy, and the testis of dogs and men. *Prostate* 43, 272–7.

Weisfeld, G.E. and Weisfeld, C.C. (2002). Marriage: an evolutionary perspective. *Neuroendocrinology Letters*, 23 supplement 4, 47–54.

Wells, J.C. and Stock, J.T. (2007). The biology of the colonizing ape. *American Journal of Physical Anthropology* 134 supplement 45, 191–222.

Wells, J.C. (2006). The evolution of human fatness and susceptibility to obesity: an ethological approach. *Biological Reviews of the Cambridge Philosophical Society* 81, 183–205.

Wespes, E. (2002). The ageing penis. *World Journal of Urology* 30, 36–9.

Whelan, E.A., Sandler, D.P., McConnaughey, D.R. and Weinberg, C.R. (1990). Menstrual and reproductive characteristics and age at natural menopause. *Americal Journal of Epidemiology,* 131, 625–32.

Williams, G.C. (1957). Pleiotropy, natural selection and the evolution of senescence. *Evolution* 11, 398–411.

Willis, S.L. and Reid, J.D., eds. (1999). *Life in the Middle.* San Diego, California: Academic Press.

Wilson, E.O. (1975). *Sociobiology: The New Synthesis.* Cambridge, Massachusetts: Harvard University Press.

Winking, J., Kaplan, H., Gurven, M. and Rucas, S. (2007). Why do men marry and why do they stray? *Proceedings. Biological Sciences* 274, 1643–9.

Wittmann, M. and Lehnhoff, S. (2005). Age effects in perception of time. *Psychological Reports* 97, 921–35.

Wodinsky, J. (1977). Hormonal Inhibition of Feeding and Death in Octopus: Control by Optic Gland Secretion. *Science* 148, 948–51.

Wood, B.J. (2000). Investigating human evolutionary history. *Journal of Anatomy* 197, 3–17.

Wood, J.M. and others (2009). Senile hair graying: H2O2-mediated oxidative stress affects human hair color by blunting methionine sulfoxide repair. *FASEB Journal* 23, 2065–75.

Yarrow, A.L. (1991). *Latecomers: Children of Parents over 35.* Old Tappan, New Jersey: Free Press.

Yassin, A.A. and Saad, F. (2008). Testosterone and erectile dysfunction. *Journal of Andrology* 29, 593–604.

Zafon, C. (2007). Oscillations in total body fat content through life: an evolutionary perspective. *Obesity Reviews* 8, 525–30.

Zamboni, G., Gozzi, M., Krueger, F., Duhamel, J.R., Sirigu, A. and Grafman, J. (2009). Individualism, conservatism, and radicalism as criteria for processing political beliefs: a parametric fMRI study. *Social Neuroscience* 4, 367–83.

Zerjal, T. et al. (2003). The genetic legacy of the Mongols. *American Journal of Human Genetics* 72, 717–21.

Zhu, J.L., Vestergaard, M., Madsen, K.M. and Olsen, J. (2008). Paternal age and mortality in children. *European Journal of Epidemiology* 23, 443–7.